KB186557

Romeo and Juliet

로미오와 줄리엣

로미오와 줄리엣

First edition: May 2011

TEL (02)2000-0515 | FAX (02)2271-0172
ISBN 978-89-17-23783-2

YBM Reading Library 는 ...

쉬운 영어로 문학 작품을 즐기면서 영어 실력을 크게 향상시킬 수 있도록 개발된 독해력 완성 프로젝트입니다. 전 세계 어린이와 청소년들에게 재미와 감동을 주는 세계의 명작을 이제 영어로 읽으세요. 원작에 보다 가까이 다가가는 재미와 명작의 깊이를 느낄 수 있을 거예요.

350 단어에서 1800 단어까지 6단계로 나누어져 있어 초·중·고 어느 수준에서나 자신이 좋아하는 스토리를 골라 읽을 수 있고, 눈에 쉽게 들어오는 기본 문장을 바탕으로 활용도가 높고 세련된 영어 표현을 구사하기 때문에 쉽게 읽으면서 영어의 맛을 느낄 수 있습니다. 상세한 해설과 흥미로운 학습 정보, 퀴즈 등이 곳곳에 숨어 있어 학습 효과를 더욱 높일 수 있습니다.

이야기의 분위기를 멋지게 재현해 주는 삽화를 보면서 재미있는 이야기를 읽고, 전문 성우들의 박진감 있는 연기로 스토리를 반복해서 듣다 보면 리스닝 실력까지 크게 향상됩니다.

세계의 명작을 읽는 재미와 영어 실력 완성의 기쁨을 마음껏 맛보고 싶다면, YBM Reading Library와 함께 지금 출발하세요!

준비하고, 읽고, 다지는 3단계 리딩 전략

YBM Reading Library

책을 읽기 전에 가볍게 워밍업을 한 다음, 재미있게 스토리를 읽고, 다 읽고 난 후 주요 구문과 리스닝까지 꼭꼭 다지는 3단계 리딩 전략! YBM Reading Library, 이렇게 활용하세요.

Before the Story

People in the Story
스토리에 들어가기 전,
등장인물과 만나며 이야기의
분위기를 느껴 보세요~

In the Story

★ 스토리
재미있는 스토리를 읽어요. 잘 모른다고
멈추지 마세요. 한 페이지, 또는 한 chapter를
끝까지 읽으면서 흐름을 파악하세요.

★★ 단어 및 구문 설명
어려운 단어나 문장을 마주쳤을 때,
그 뜻이 알고 싶다면 여기를 보세요.
나중에 꼭 외우는 것은 기본이죠.

Romeo looked directly at his cousin when he heard this word, 'hate.'

"Hate?" he cried. "You would prefer that I was full [1] of hate? You know that all Montagues love to hate, to fight, and to kill. But it doesn't matter whether we love to hate or love to love. Hate and love are two sides of the same passion. And, in the end, they will kill us all the same."

Benvolio knew that his cousin was right. All the Montagues were excessively passionate, and Romeo was no different. no가 different과 good 앞에 쓰이면 no보다 뜻이 강합니다.

★ Romeo sat down heavily beside the fountain, and cried, "Oh Benvolio, Rosaline has sworn to keep herself pure for the remainder of her life! What am I to do? [2] The only way to forget her is to die!"

★ ★ ★ ❓ Romeo said that _____ and _____ were the same passion.

★ ★ 1 would prefer that절 …하면 좋다, …한 편이 낫다
You would prefer that I was full of hate?
자네는 내가 미움으로 가득하면 좋겠나?

2 be to + 동사원형 …해야 하다
What am I to do? 나는 어떻게 해야 한단 말인가?

26 · Romeo and Juliet

★★★ 돌발 퀴즈
스토리를 잘 파악하고
있는지 궁금하면 돌발 퀴즈로
잠깐 확인해 보세요.

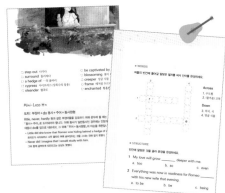

Mini-Lesson
너무나 중요해서 그냥 지나칠 수 없는
알짜 구문은 별도로 깊이 있게 배워요.

Check-up Time!
한 chapter를 다 읽은 후 어휘, 구문,
summary까지 확실하게 다져요.

Focus on Background
작품 뒤에 숨겨져 있는 흥미로운 이야기를
읽으세요. 상식까지 풍부해집니다.

☐ two sides of ···의 양면
☐ in the end 결국
☐ all the same 그래도, 여전히
　(= nonetheless, still)
☐ excessively 지나치게

☐ passionate 열정적인
☐ keep oneself pure
　순결한 삶을 살다
☐ for the remainder of one's life
　남은 인생 동안

Chapter 1 • 27

After the Story

Reading X-File 이야기 속에 등장했던
주요 구문을 재미있는 설명과 함께 다시 한번~

Listening X-File 영어 발음과 리스닝 실력을 함께
다져 주는 중요한 발음법칙을 살펴봐요.

MP3 Files
www.ybmbooksam.com에서 다운로드 하세요!

– YBM Reading Library –

이제 아름다운 이야기가
시작됩니다

Romeo and Juliet

_Before the Story

About William Shakespeare &
Romeo and Juliet 8
People in the Story 10

_In the Story

Chapter 1
The Montagues and Capulets 14
Check-up Time 28

Chapter 2
The Masquerade Ball 30
Check-up Time 44

Chapter 3

A Secret Wedding 46

Check-up Time 60

Focus on Background 62

Chapter 4

A Farewell 64

Check-up Time 78

Chapter 5

Secrets and Lies! 80

Check-up Time 92

Chapter 6

A Tragic Death 94

Check-up Time 108

_After the Story

Reading X-File 이야기가 있는 구문 독해 112

Listening X-File 공개 리스닝 비밀 파일 116

Story in Korean 우리 글로 다시 읽기 120

William Shakespeare

(1564~1616)

윌리엄 셰익스피어는 …

영국이 낳은 세계 최고의 극작가로 잉글랜드 중부의 소읍 스트랫퍼드에서 출생하였다. 13세부터 가세가 기울어 대학에 진학하지 못하고 1590년 무렵 런던에 정착하여 극작 활동을 시작하였다. 1594년 궁내부 극단의 간부가 된 그는 평생 이 극단의 전속 극작가이자 공동 경영자로 활동하였다.

천부적인 언어 구사 능력과 무대 예술적 감각, 인간 심리에 대한 탁월한 통찰력을 바탕으로 총 37편의 희곡을 쓴 셰익스피어는 〈한여름 밤의 꿈(A Midsummer Night's Dream), 1595〉, 〈베니스의 상인(The Merchant of Venice), 1596〉 등의 희극으로 입지를 다진 후, 4대 비극 〈햄릿(Hamlet), 1601〉, 〈오셀로(Othello), 1604〉, 〈리어왕(King Lear), 1605〉, 〈맥베스(Macbeth), 1606〉를 통해 불후의 작가로 자리매김하게 되었다.

셰익스피어는 연극을 매개로 하여 최고의 운문을 보여주었으며, 극장의 구조적 제약을 뛰어넘는 문학적, 연극적 상상력과 탁월한 표현력으로 시대를 뛰어넘어 세계 최고의 시인이자 극작가로 평가 받고 있다.

Romeo and Juliet

로미오와 줄리엣은 …

아름다운 이탈리아 도시 베로나의 두 명문가 몬태규 집안과 캐퓰렛 집안의
반목과 그로 인한 비극적인 사랑 이야기를 다루고 있다.

어느 날 몬태규 가의 외동아들 로미오는 캐퓰렛 집안의 무도회에 숨어 들었
다가 캐퓰렛의 딸 줄리엣을 보고 한눈에 사랑에 빠진다. 서로가 원수 집안
의 출신임을 알고도 사랑하는 마음을 포기할 수 없었던 두 연인은 다음날
성당에서 비밀 결혼식을 올린다. 한편 줄리엣의 사촌 티볼트에게 결투신청
을 받은 로미오는 싸움 끝에 그를 죽이게 되고, 이로 인해 베로나에서 추방
당한다. 그 후 결혼을 강요 받던 줄리엣은 결혼을 피하기 위해 죽음을 위장
하려고 수면제를 마시게 되고, 그 비밀을 모르는 로미오는 그녀가 죽었다는
판단하에 자살하고 만다. 잠에서 깨어난 줄리엣은 로미오의 주검 앞에서 목
숨을 끊어 그 뒤를 따른다.

죽음보다 강한 사랑 이야기인 〈로
미오와 줄리엣〉은 오늘날 러브스
토리의 대표작으로 일컬어지고
있으며, 셰익스피어의 많은 작
품 중에서도 비련극의 백미로
손꼽히고 있다.

People in the Story

베로나의 수도원을 방문해 등장인물들을 살펴볼까요?

Friar Laurence
수도사. 로미오와 줄리엣의
결혼을 성사시켜 준다.
후에 강제 결혼할 처지가
된 줄리엣에게 잠자는
약을 준다.

Juliet Capulet
캐퓰렛 가문의 외동딸. 로미오와 몰래
결혼한 후 패리스와의 결혼을 강요
받자 잠자는 약을 마시고 죽은 척한다.

Romeo Montague
몬태규 가문의 외동아들. 원수 집안의
딸인 줄리엣과 사랑에 빠져 남몰래
결혼하지만, 줄리엣의 사촌 티볼트를
죽인 후 베로나에서 추방된다.

Tybalt Capulet
줄리엣의 사촌. 로미오와
결투를 벌이다 그의
칼에 죽는다.

Benvolio Montague
로미오의 사촌. 캐퓰렛 가의 무도회로
로미오를 인도한다.

Count Paris
줄리엣의 약혼자. 결혼식 당일 줄리엣이
죽자 납골당에 들어가려다 로미오와
맞닥뜨린다.

Romeo and Juliet

William Shakespeare

The Montagues and Capulets
몬태규와 캐퓰렛

In the sixteenth century, the two great families of Montague and Capulet dominated high society in the beautiful Italian city of Verona.[*] Both families were rich and although they behaved wisely most of the time, they could sometimes act indiscreetly.

베로나는 이탈리아 북부에 위치한 도시로 예로부터 교통과 상업의 중심지였어요.

The Montagues and Capulets had been quarreling with each other for many years. A Montague would not [1] speak to a Capulet if they met in the street, or a Capulet to a Montague. However, on the few occasions when it was necessary to speak, they would say nasty, spiteful things to each other.

□ dominate 지배하다
□ indiscreetly 경솔하게, 지각없이
□ quarrel 싸우다
□ occasion 때, 경우
□ nasty 험악한, 끔찍한
□ spiteful 악의적인
□ distant relative 먼 친척

□ duel 결투
□ incident 사건
□ bloodshed 유혈 사태
□ occasionally 가끔
□ threat 협박
□ revenge 복수
□ commonplace 아주 흔한, 다반사인

    Their distant relatives and servants were just as
foolish, so street fights and duels were common. These
incidents often ended in bloodshed and occasionally, [2]
death, while threats of revenge were commonplace.

---

1 **would not + 동사원형** …하려 하지 않다 (고집 · 거절)
  A Montague would not speak to a Capulet if they met in the street.
  몬태규 사람은 길에서 캐퓰렛 사람을 만나도 이야기도 하려 하지 않았다.

2 **end in** …로 끝나다
  These incidents often ended in bloodshed.
  이런 사건들은 종종 유혈 사태로 끝났다.

The strange thing was that none of the Capulets or the Montagues knew why they were fighting. The cause of the feud had long been forgotten, but they continued to fight. And each time the loser would always seek revenge, leading to more feuding and fighting. Would it ever end?

One morning two servants from the Capulet household, Sampson and Gregory, were on an errand in the streets of Verona. Suddenly, Sampson saw two of the Montague servants on the other side of the street.

"Look over there, Gregory," he said. "I see two Montague servants coming our way. I know how to teach their masters a lesson. Let's challenge them to a fight and see how cowardly they really are!"

As the two Montague men approached, Gregory and Sampson stepped into their path.

"What do you want now?" asked one of the Montague servants, sighing heavily.

"We want to know how brave you Montagues really are," replied Sampson, strutting back and forth in front of them.

"So you want a fight, do you?" asked the other Montague servant as he drew his sword. "Very well, we accept the challenge. Defend yourselves now!"

The four men fought hard and fast, up and down the street, backward and forward they went. The ring of their clashing swords echoed through the streets and alleyways. Soon a small crowd had gathered to watch.

□ feud (오랜) 불화, 반목 (= feuding)
□ seek revenge 복수의 기회를 노리다
□ lead to A A로 이어지다
□ ever (부정 · 의문문에서) 어느 때고
□ household (집합적) 가족
□ on an errand 볼일이 있는
□ challenge A to B A에게 B를 신청하다

□ step into …에 발을 들여놓다
□ strut 거들먹거리며 걷다
□ draw one's sword 검을 뽑다
□ defend 방어하다
□ ring 울림, 울리는 소리
□ clashing 쨍하는 소리가 나는
□ alleyway 골목, 좁은 길

Benvolio, a nephew of Lord Montague, heard the clash of swords and pushed his way through the crowd.

"Stop, you fools!" he shouted. "What are you doing? Put down your swords. This fighting is senseless!"

Moments later, Tybalt Capulet, who despised all Montagues, joined the fracas.

"Put up your sword, Benvolio!" cried Tybalt. "Today you die."

"I don't want to fight you," said Benvolio. "I'm here to keep the peace. Help me stop this fighting, Tybalt."

"Peace! Peace!" cried Tybalt angrily. "I hate that word, and I hate you Montagues. You say you don't want to fight. Perhaps it's because you are a coward."

"I am no coward," said Benvolio, drawing his sword. "If I can do nothing to stop the fight, perhaps I can stop you!"

☐ clash 쨍하는 소리
☐ push one's way through the crowd
  인파를 헤치고 나아가다
☐ put down 내려놓다 *cf.* put up 들어 올리다

☐ senseless 무의미한, 분별없는
☐ despise 경멸하다, 싫어하다
☐ fracas (여러 사람이 벌이는) 싸움
☐ keep the peace 치안을 유지하다

As the hostility between the Montague and Capulet men continued to escalate, the Prince* of Verona arrived. He immediately recognized the bitter rivals. 여기서 Prince는 '대공'으로 해석하면 됩답니다.

"Stop! Stop this fighting right now!" he cried.

At first no one heard him above the groaning of men and clashing of swords. So he stepped into the midst of the melee.

"Stop! I order you to stop this fighting immediately!" he shouted, holding his arms above his head.

When the men recognized the Prince, they quickly put down their swords and stood quietly in front of him.

"I am tired of your constant fighting," continued the Prince. "Verona is no longer the quiet and peaceful city it once was. Go and tell your masters that all this ill feeling must stop right now. And warn them that the next member of the Montague and Capulet households caught fighting will be put to death!"

- □ hostility 적대감, 적의
- □ escalate 높아지다, 증가하다
- □ bitter 증오[적의]에 찬
- □ groaning 신음 소리, 끙끙대는 소리
- □ clashing 쨍그랑쨍그랑 소리
- □ the midst of …가운데
- □ melee 아수라장
- □ hold A above B A를 B 위로 올리다
- □ constant 끊임없는
- □ be put to death 처형되다
- □ scatter 흩어지다
- □ put away 치우다
- □ ring (소리가) 울리다

The crowd soon scattered and the men put away their swords. And they hurried home with the Prince's words ☀ ringing in their ears.

Mini-Less☀n   See p.112

동시에 일어나는 두 상황을 묘사할 때는?

어떤 동작이 다른 동작과 동시에 일어나는 상황을 묘사하고 싶을 때는 「with + 목적어(A) + 분사형 동사(B)」를 쓰고 'A가 B하는 가운데 (동안)' 이라고 해석하면 된답니다.

• They hurried home with the Prince's words ringing in their ears.
  그들은 대공의 말이 귓전에 울리는 가운데 급히 집으로 돌아갔다.
• He took a nap with his mother watching TV. 엄마가 TV를 보는 동안 그는 낮잠을 잤다.

A few days later, Romeo, the son of old Lord Montague, was strolling around his father's large garden, deep in thought. He was depressed, and not even the beautiful summer weather could lift his spirits. He was obsessed with thoughts of Rosaline, the woman he loved. She continued to ignore his words of love and he was heartbroken.

"I'm a handsome young man from a wealthy, noble family," he thought. "What more does she want? She should be honored that I'm interested in her at all."

□ stroll around ···주위를 거닐다
□ depressed 우울한
□ lift one's spirits ···의 기운을 북돋우다
□ be obsessed with ···생각만 하다
□ be honored that절 ···한 사실을
　영광으로 생각하다

□ hardly 거의 ···않다
□ moody 기분이 안 좋은, 침울한
□ unrequited love 짝사랑
□ socialize with ···와 어울리다
□ set (한 무리의) 사람들
□ stubborn 완고한, 고집이 센

1 **shut oneself off from** 스스로를 ···와 차단하다, 틀어박히다
Do you know why he is so moody these days, and shuts himself off from his family?
왜 요즘 그 애가 침울하고 스스로를 가족들과 차단하고 있는지 알고 있느냐?

2 **have[set, keep] one's mind set on** ···을 마음에 두다
You know how stubborn he is when he has his mind set on something! 그가 무언가를 마음에 두면 얼마나 완고한지 아시지 않습니까!

Meanwhile, as Romeo walked alone with his unhappy thoughts, his cousin, Benvolio, was discussing him with Lord and Lady Montague.

"We are worried about our son," said Lady Montague, anxiously. "We've hardly seen him recently, and when we do, he is depressed. Do you know why he is so moody these days, and shuts himself off from his [1] family?"

"I think it is because of his unrequited love for the lovely Rosaline," replied Benvolio.

"He's far too young to be obsessed with one woman," said Lord Montague. "Will you go and talk to him? Try to get him to socialize with the younger set. I'm sure he'll listen to your advice."

"I'll do my best, Sir," said Benvolio. "But I can't promise to change his mind. You know how stubborn he is when he has his mind set on something!" [2]

Mini-Lesson

too를 수식하는 far, much, even

too 앞에 쓰인 far, much, even 등은 too를 강조하는 역할을 합니다. '너무(나도), 대단히, 아주, 훨씬' 등과 같이 해석하면 된답니다.

- He's far too young to be obsessed with one woman.
  그 애는 한 여자 생각만 하기에는 너무 지나치게 어리다.
- Sarah was much too late for the picnic. 사라는 소풍에 아주 많이 늦었다.

Benvolio hurried away in search of Romeo, and soon found him in the gardens of Montague Hall.

"Good morning, Romeo," he called.

"Is it still morning?" muttered Romeo sadly, "Sorrowful hours pass by so slowly."

He threw a stone into the fountain.

"What's the matter, Romeo?" asked Benvolio. "Why do you look so melancholy?"

"The lovely Rosaline still spurns my attentions," replied Romeo with a deep sigh. "She treats me as if [1] I were invisible and yet she means everything to me."

"Come on, forget all about her," said Benvolio. "There are plenty of beautiful young women in the world. I can introduce you to dozens. And I'm sure none will be able to disregard your handsome face!"

"I don't want to meet other women," said Romeo. "No girl is as beautiful as Rosaline. I love her and I can't live without her in my life!"

"Your father believes you are too young to know what true love is," said Benvolio, "and I'm inclined to agree [2] with him. Love should bring you joy, not misery. I hate to see you like this."

□ in search of …을 찾아서
□ mutter (낮은 소리로) 중얼거리다
□ sorrowful 슬픈, 비탄에 잠긴
□ pass by (시간 등이) 지나가다
□ fountain 분수
□ melancholy 슬픈, 우울한

□ spurn 퇴짜 놓다
□ invisible 보이지 않는, 볼 수 없는
□ and yet 그럼에도 불구하고
□ dozens 수십 명
□ disregard 무시하다
□ misery 고통

---

1 **as if + 가정법 과거절** 마치 …인 것처럼
  She treats me as if I were invisible. 그녀는 마치 내가 보이지 않는 것처럼 대하네.

2 **be inclined to + 동사원형** …하고 싶다, …하는 경향이 있다
  I'm inclined to agree with him. 나도 자네 아버님께 동의하고 싶네.

Romeo looked directly at his cousin when he heard this word, '*hate*.'

"Hate?" he cried. "You would prefer that I was full [1] of hate? You know that all Montagues love to hate, to fight, and to kill. But it doesn't matter whether we love to hate or love to love. Hate and love are two sides of the same passion. And, in the end, they will kill us all the same."

Benvolio knew that his cousin was right. All the Montagues were excessively passionate, and Romeo was no different. no가 different와 good 앞에 쓰이면 not의 뜻이 됩니다.

Romeo sat down heavily beside the fountain, and cried, "Oh Benvolio, Rosaline has sworn to keep herself pure for the remainder of her life! What am I to do? [2] The only way to forget her is to die!"

❓ Romeo said that ＿＿＿＿＿ and ＿＿＿＿＿ were the same passion.

정답 hate, love

---

1 **would prefer that**절 …하면 좋다, …한 편이 낫다
  You would prefer that I was full of hate? 자네는 내가 미움으로 가득하면 좋겠나?

2 **be to + 동사원형** …해야 하다
  What am I to do? 나는 어떡해야 한단 말인가?

□ two sides of ···의 양면
□ in the end 결국
□ all the same 그래도, 여전히
  (= nonetheless, still)
□ excessively 지나치게

□ passionate 열정적인
□ keep oneself pure
  순결한 삶을 살다
□ for the remainder of one's life
  남은 인생 동안

Check-up Time!

● **WORDS**

빈칸에 들어갈 알맞은 단어를 고르세요.

fracas	misery	clashing	set

1 No one heard him above the _____ of swords.

2 Try to get him to socialize with the younger _____.

3 Moments later, Tybalt Capulet joined the _____.

4 Love should bring you joy, not _____.

● **STRUCTURE**

주어진 단어를 어순에 맞게 쓰세요.

1 They hurried home _____ _____ _____
_____ _____ in their ears. (the, with, Prince's,
ringing, words)

2 He's _____ _____ _____ to be obsessed
with one woman. (too, young, far)

3 She treats _____ _____ _____ _____
invisible. (if, were, I, as)

다음은 누가 한 말일까요? 기호를 써넣으세요.

a.
Prince

b.
Romeo

c.
Benvolio

1 "No girl is as beautiful as Rosaline." _____

2 "I am tired of your constant fighting." _____

3 "There are plenty of beautiful young women." _____

● SUMMARY

빈칸에 맞는 말을 골라 이야기를 완성하세요.

Many years ago, the two great families of Montague and Capulet lived in Verona. The families had been (　　) with each other for a long time. One day, when some men from the two families were fighting in the street, the Prince came and (　　) them to stop. A few days later, Romeo, the son of Lord Montague, was (　　) around his father's garden. He was depressed because of his (　　) love for Rosaline, so his cousin Benvolio advised him to forget about her.

a. unrequited　　b. warned　　c. strolling　　d. quarreling

The Masquerade Ball

가면무도회

- ☐ masquerade ball 가면무도회
- ☐ count 백작
- ☐ mundane 일상적인
- ☐ permission to marry …와의 결혼 승낙

- ☐ opportunity 기회
- ☐ invite 초대하다
- ☐ further 한층 더, 그 이상으로
- ☐ grand supper 대 만찬

The next day, on a street in Verona, old Lord Capulet met young Count Paris. After introducing himself and talking about the weather and other mundane topics, Paris said, "I am pleased to finally meet you, Lord Capulet. I have seen your beautiful daughter, Juliet. I would like very much your permission to marry her."

"Juliet is still very young, Sir," said Lord Capulet. "I'm not sure if her mother would want her to marry yet. But I'll discuss it with her. I'm holding a masquerade ball tonight and would be honored if you would attend. If so, that will give us the opportunity to further discuss this topic."

Later that day, Lord Capulet gave a list of names to his servant and said, "Now, quickly run and invite these people. Tell them I'm holding a grand supper and masquerade ball tonight. I insist that they all come and enjoy themselves."

Mini-Less☀n

insist〔suggest, recommend〕+ that + 주어(A) + (should) + 동사원형(B)

주장, 제안, 권고를 나타내는 동사 insist, suggest, recommend 등이 이끄는 that절에서는 「should + 동사원형」을 쓰는데요, 이때 should는 생략되기도 한답니다.

· I insist that they all (should) come and enjoy themselves.
  난 그들이 전부 참석하여 즐거운 시간을 보내야 한다고 주장하는 바이네.
· He suggested that we (should) follow the rules. 그는 우리가 규칙들을 따라야 한다고 제안했다.

Left alone, the poor servant lamented that he couldn't read. He didn't want to tell Lord Capulet about it, so he ventured onto the street with it. Then he spied Romeo and Benvolio walking by.

The old servant's eyes were not good, so he didn't recognize that the young men were Montagues. He asked them to read the list, and Benvolio read out the names for him. Romeo's heart missed a beat when he heard Rosaline's name was on the list!

As the servant hurried off to fulfill his master's request, Romeo said sadly, "Rosaline, my Rosaline will be there. But, how can I go? I'm a Montague!"

"Why don't we go?" said Benvolio. "We'll be wearing masks, so no one will recognize us. There will be plenty of beautiful young women there. It will give you a good chance to compare Rosaline with them."

Romeo nodded and said, "Perhaps you're right, Benvolio. But I'll go because Rosaline will be there. I might be able to persuade her to change her mind. Let's meet at seven o'clock by the town hall and travel to the ball together."

After Benvolio went away, Romeo returned home, thinking about Rosaline.

"She has never been kind to me," thought Romeo. "So why do I love her? I don't know, but I am desperate [1] to love someone! Maybe Benvolio is right after all. Perhaps she's not the woman for me."

- ☐ **lament** 탄식하다, 한탄하다
- ☐ **venture** 과감히 나아가다
- ☐ **spy** (갑자기) 보다, 발견하다
- ☐ **read out** …을 소리 내어 읽다
- ☐ **miss a beat** (심장이) 멎다, 순간적으로 멈추다
- ☐ **hurry off** 서둘러 떠나다
- ☐ **fulfill one's request** …의 요구를 이행하다
- ☐ **compare A with B** A를 B와 비교하다
- ☐ **persuade + 목적어(A) + to + 동사원형(B)** A를 B하도록 설득하다
- ☐ **travel** 가다

---

1 **be desperate to + 동사원형** 간절히 …하고 싶다
I am desperate to love someone! 난 간절히 누군가를 사랑하고 싶은 거야!

That evening, Lord Capulet welcomed his guests into his large manor house. When Romeo and Benvolio arrived, old Lord Capulet did not recognize them behind their masks. He kindly invited them to join the other guests.

The ballroom and adjoining dining room were full of well-dressed folk of all ages enjoying themselves. Romeo was dazzled by the women's beautiful silk dresses and sparkling jewelry. He moved slowly through the crowd hoping to catch a glimpse of Rosaline.

Then, in the middle of the dancers, Romeo spied a young lady so beautiful that she took his breath away! He instantly forgot about the fair Rosaline.

- □ manor house 영주의 저택
- □ adjoining 인접한, 옆의
- □ well-dressed 잘 차려 입은
- □ folk 사람들
- □ be dazzled by …에 현혹되다
- □ sparkling 반짝거리는
- □ catch a glimpse of …을 언뜻 보다
- □ take one's breath away …의 숨을 멎게 하다
- □ instantly 즉시
- □ shimmer (빛을 받아) …을 아른아른 빛나게 하다
- □ a flock of 한 떼[무리]의
- □ take one's eyes off …에서 눈[시선]을 떼다
- □ admiringly 감탄하여

This young lady wore a dress of shiny satin, and the pearls at her throat and in her long, dark hair shimmered in the candlelight. Her beauty shone so brightly among the other women that she looked like a snowy dove among a flock of crows. He couldn't take his eyes off her.

"She is the one!" he thought admiringly.

Romeo turned to Benvolio and said, "I tell you, my cousin, that young lady is the one. I fell in love with her as soon as I saw her!"

However, he didn't know that Tybalt Capulet, who was standing nearby, had overheard the whole conversation.

"I know that voice," he thought. "It's young Romeo Montague!"

He was furious and straight away hurried to find his uncle.

"Uncle," he said, "I have something of great [1] importance to tell you. Young Romeo Montague was not invited to your party, but he's here now!"

"Now, now, Tybalt, calm down," said old Lord Capulet, quietly. "I will not be discourteous to anyone, not even a Montague, under my own roof. Let me think about what to do."

Tybalt wanted to confront Romeo, there and then, but he heeded his uncle's judgment. He waited for a more appropriate opportunity to make Romeo pay for this intrusion.

❓ Tybalt가 화가 난 이유는?
  a. Romeo가 무도회에 와서
  b. Romeo가 가면을 써서
  c. Romeo가 Juliet에게 반해서

정답은 a

□ overhear 우연히 듣다, 엿듣다
□ furious 몹시 화가 난
□ straight away 즉시, 지체 없이
□ discourteous 예의 없는, 무례한
□ confront …와 대결하다

□ heed (충고)에 귀를 기울이다
□ judgment 판단; 의견
□ appropriate 적절한
□ pay for …로 벌(고통)을 받다
□ intrusion (무단) 침입

1 **something of great importance** 매우 중요한 것
I have something of great importance to tell you.
삼촌께 말씀드릴 매우 중요한 것이 있어요.

Romeo, unaware that he had been recognized, approached the mysterious young lady. Gently, he touched her arm and whispered, "Follow me."

The young woman turned toward him. Even with a mask on, Romeo was the most handsome man she had ever seen. She followed him out of the ballroom to a private alcove. There, Romeo removed his mask and gently brought her hand to his lips.

"I'm Romeo," he whispered as he gazed into her eyes. "You are an angel, and I'd like to give you a tender kiss."

When his lips gently touched her hand, Juliet felt the blood rush to her head. She gently laced her fingers through his and held his hands tightly. Romeo shivered. The sensation of her touch was amazing.

"Do angels have lips?" he whispered in her ears.

Then he bent his head to hers and kissed her lips. His lips were so warm and tender that she responded eagerly. She felt like her lips were melting into his.

---

1 **as if + 가정법 과거완료절** 마치 ···한 듯, ···했던 것처럼
It was a moment of pure enchantment, as if their souls had merged and become one.
마치 그들의 영혼이 합쳐져 하나가 된 듯 완전한 황홀경에 빠진 순간이었다.

When the first kiss ended, they looked deeply into each other's eyes. It was a moment of pure enchantment, as if their souls had merged and [1] become one. They were lost in love in a world of dreams. Neither had felt anything like it before.

□ unaware that절 …한 사실을 모르는
□ private 조용히 있을 수 있는
□ alcove 반침(큰방에 딸린 작은 방),
　　벽감(벽면을 우묵하게 파서 만든 공간)
□ gaze into …을 바라보다, 응시하다
□ rush to 급히 …로 가다〔돌진하다〕
□ lace one's fingers 깍지를 끼다
　　cf. lace (서로 걸리게) 끼다

□ shiver (흥분 등으로) 가볍게 떨다
□ sensation 느낌, 감각
□ bend one's head 머리를 숙이다
□ respond 반응하다
□ melt into …속으로 녹아들다
□ enchantment 황홀감, 마법 같은 상태
□ merge 합쳐지다

Suddenly, the lovers were rudely interrupted by the sound of someone calling, "Lady Juliet!"

It was Juliet's nurse. They reluctantly parted, and Romeo quickly put his mask back on just as the nurse appeared.

"Your mother wishes to speak to you urgently, Lady Juliet," said the nurse. "I will take you to her immediately."

"Right now?" said Juliet. "But I'm having so much fun."

"She said it's an urgent matter," said the nurse.

"Alright, I'll see her. But I hope it doesn't take too long!"

As Juliet hurried away, she whispered to her nurse, "Who was that handsome young gentleman who spoke to me? I don't think I've met him before."

"You should be wary of him, my Lady," said her nurse. "Even though he wears a mask, I recognized him as Romeo Montague, the only son of your family's greatest enemy. You would be wise to stay away from him."

Juliet was so astonished that she could hardly speak.

"Oh, it can't be!" thought Juliet desperately, "how could my true love be a member of such a hateful family?"

- □ be interrupted by …에 의해 방해받다
- □ reluctantly 마지못해서
- □ part 헤어지다
- □ urgently 급히
- □ urgent matter 화급한 일〔용무〕
- □ be wary of …을 조심하다
- □ recognize A as B A가 B인 것을 알아보다
- □ stay away from …로부터 떨어져 있다
- □ astonished 깜짝 놀란
- □ desperately 절망적으로

Juliet frowned as she approached her mother.

"What do you want, Mother?" she asked with annoyance. "Surely whatever you have to say could have waited until tomorrow?"

"Oh, don't be so impatient, Juliet," said Lady Capulet. "It is important that I tell you about a handsome young man. He has asked your father for permission to marry you. His name is Count Paris and he is related to the Prince of Verona. You should be honored, my dear!"

"I am too young to marry, Mother," said Juliet, angrily. "At my age I should be having fun, not settling down."

"Why must you always be so dramatic, Juliet? Go back to the party. We will talk with your father tomorrow."

While Juliet was speaking with her mother, Romeo approached the nurse.

"Who is that gorgeous young woman with the amazing blue eyes?" he asked.

"She is Juliet, the daughter of Lord Capulet, Sir," replied the nurse.

Romeo was so shocked that he staggered outside to the garden. There he slumped to his knees and held his aching head in his hands.

"Oh no," he thought, "I have given my heart to my family's foe! There is no way our families will let us be together. What am I going to do?"

- ☐ frown 얼굴을 찌푸리다
- ☐ with annoyance 짜증스럽게, 초조하게
- ☐ whatever + 주어(A) + 동사(B)
  A가 B하는 것이 무엇이든지
- ☐ impatient 짜증난, 안달하는
- ☐ related to …와 친척인
- ☐ settle down 정착하다
- ☐ dramatic 호들갑스러운

- ☐ gorgeous 아주 멋진
- ☐ stagger 비틀거리며 가다
- ☐ slump to one's knees 무릎을 꿇다
- ☐ aching 아픈, 쑤시는
- ☐ foe 적
- ☐ there is no way that절 …할 리〔방법〕
  가 없다

Mini-Less📵n

It is important〔necessary, essential〕+ that + 주어 + (should) + 동사

강제성·당위를 나타내는 important, necessary, essential 다음에 that절이 오면 that절에는 「should + 동사원형」을 쓰는데요, 이때 should는 생략되기도 한답니다.

- It is important that I (should) tell you about a handsome young.
  네게 잘 생긴 젊은 청년에 대해 얘기해 주는 게 중요하단다.
- It is necessary that we (should) finish our homework beforehand.
  우리가 숙제를 먼저 끝내놓는 것이 필요하다.

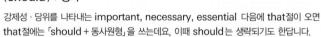

 # Check-up Time!

● **WORDS**

단어와 단어의 뜻을 서로 연결하세요.

1 gorgeous •   • a. very ordinary

2 furious •   • b. extremely angry

3 discourteous •   • c. very attractive

4 mundane •   • d. rude and impolite

● **STRUCTURE**

알맞은 것을 골라 문장을 완성하세요.

1 I insist that he (come / comes) and enjoy himself.

2 I am desperate (loving / to love) someone!

3 I have something (with / of) great importance to you.

4 He couldn't take his eyes (by / off) her.

5 I might be able to persuade her (to change / changing) her mind.

● COMPREHENSION

사건이 일어난 순서대로 기호를 쓰세요.

a. Juliet's nurse was looking for Juliet.

b. Paris asked Lord Capulet for permission to marry Juliet.

c. Tybalt was upset when he saw Romeo at the party.

d. Romeo was surprised to see lovely Juliet in the middle of the dancers.

(   ) → (   ) → (   ) → (   )

● SUMMARY

빈칸에 맞는 말을 골라 이야기를 완성하세요.

One day, Lord Capulet held a (   ) and invited many people. Romeo and Benvolio went there secretly wearing (   ). It was there that Romeo spied a young lady, called Juliet. She was so beautiful that she took his breath away. He took her by the arm and invited her to a private (   ). There, they kissed, and soon fell in love with each other. Later, they realized that they were the children of each other's greatest (   ), and they were shocked.

a. masks   b. alcove   c. enemy   d. ball

A Secret Wedding
비밀 결혼식

Later that evening, after the guests had left the ball, Juliet went to her room. She opened the glass doors to her small balcony, and stepped out into the moonlight. She looked down at the beautiful garden that surrounded her family home, thinking about the young man who had kissed her.

Little did she know that Romeo was hiding behind a ☀ hedge of cypress and oleander trees. Romeo gazed upward, waiting for a glimpse of his beloved. He was captivated by the way the blossoming creepers around the window framed her lovely face in the moonlight.

"But, what is that light that shines from her window?" he thought. "She is like the sun that rises in the East. I feel as if a magician has set me down in this beautiful and enchanted garden. Is it all a dream?"

□ step out 나가다
□ surround 둘러싸다
□ a hedge of ···의 울타리
□ cypress 사이프러스(상록수의 일종)
□ oleander 협죽도

□ be captivated by ···에 사로잡히다
□ blossoming 꽃이 피는
□ creeper 덩굴 식물
□ frame 테처럼 두르다, 틀에 넣다
□ enchanted 황홀한, 마법 같은

Mini-Less⋅o⋅n

See p.113

도치: 부정어＋do 동사＋주어＋동사원형

little, never, hardly 등과 같은 부정어들을 강조하기 위해 문두에 둘 때는 어순이
「동사＋주어」로 도치되어야 합니다. 이때 동사가 일반동사인 경우에는 인칭과 시제가 반영된
대동사 do를 앞으로 내보내고, 그 뒤에 「주어＋동사원형」의 어순을 취한답니다.

• Little did she know that Romeo was hiding behind a hedge of cypress.
  로미오가 사이프러스 나무 울타리 뒤에 숨어있다는 것을 그녀는 전혀 알지 못했다.
• Never did I imagine that I would study with him.
  그와 함께 공부하게 되리라고는 상상도 못했다.

Juliet could not keep her feelings to herself, so she spoke her secret to the night.

"Oh, my beloved garden," she cried. "I have fallen in love with Romeo Montague! What am I to do?"

Romeo's heart leapt with joy when he heard these words. But he was afraid that if he left without speaking to her, he would never see her again.

"Her eyes sparkle like the stars at night," he thought. "And look how she rests her head on her hand. If only I 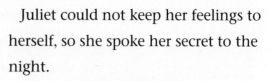 was that hand, so that I might caress her lovely face!"

"We can never be together!" she sobbed. "If our families find out about our love for each other, they will do everything possible to keep us apart!"

For a moment there was silence, broken only by Juliet's gentle sobbing.

---

1 **if only**절 …라면 좋을 텐데
If only I was that hand, so that I might caress her lovely face!
내가 저 손이라면 좋을 텐데, 그러면 그녀의 사랑스러운 얼굴을 어루만질 텐데!

"Oh, speak again, sweet angel!" thought Romeo.

Romeo's wish came true when Juliet again spoke softly to the night:

"Oh, Romeo, Romeo! Why are you Romeo?
Deny your father, and refuse your name, for my sake.
If you truly love me, take another name.
For what is a name?
A rose by any other name would smell as sweet.
And Romeo would be the same sweet person
if he were not called Romeo.
Romeo, get rid of your name and
come to me!"

□ keep ... to oneself ···을 마음 속에
   담아두다, 비밀로 간직하다
□ leap with joy 기뻐서 뛰다
   (leap-leapt-leapt)
□ rest A on B A를 B에 올려놓다
□ caress 어루만지다
□ sob 흐느끼다
□ keep ... apart ···사이를 떼어 놓다
□ come true (소망 등이) 실현되다
□ deny 부정하다, 부인하다
□ for one's sake ···을 위하여
□ for what (목적·이유를 물음)
   뭐 하러, 왜
□ get rid of ···을 버리다

Juliet began to cry, and her tears
glistened like diamonds in the moonlight. Romeo was
enraptured by her words.

"Oh, Juliet," he whispered, "you look like a winged
messenger from Heaven that we earthly mortals look
up to."

Romeo could endure it no longer. He stepped out of
the shade of the trees, and into the bright, white
moonlight.

"Just call me your *Love*," he cried, "and I'll have a
new name and will never again be Romeo."

Juliet squealed in fright at the sound of his voice.

"Who disturbs my solitude?" she asked.

"It is Romeo," he called. "Don't you recognize me?"

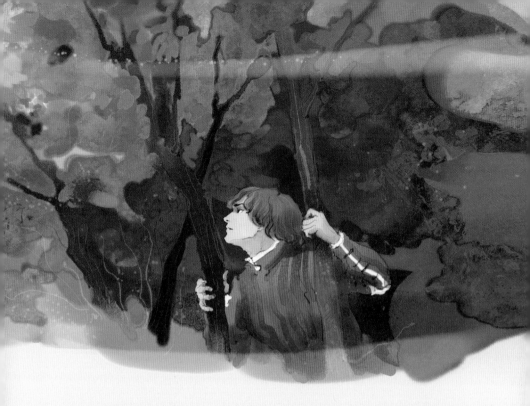

She was overjoyed to see him, but said, "It is dangerous for you to be here. If you are found by my father's men, they will surely kill you!"

"Alas,*" said Romeo, "you are more dangerous than twenty swords if you look unkindly on me. With your love, I can defeat anyone. But without it, my life has no meaning."

Alas는 '아아'라는 뜻으로 슬픔·유감을 나타내는 감탄사예요.

□ glisten （젖은 것이）반짝이다
□ be enraptured by …에 넋을 빼앗기다
□ earthly mortal 속세의 （보통）사람
□ look up to …을 우러러보다
□ step out of …에서 나오다
□ squeal 꺄악 소리를 지르다

□ disturb 방해하다
□ solitude （즐거운）고독
□ be overjoyed to + 동사원형
　…해서 기쁘기 그지없다
□ look on …을 지켜보다
□ defeat 물리치다, 이기다

Juliet's face flushed a rosy pink when she heard his words.

"Love is love," she thought. "No one can choose who to fall in love with. I love him with all my heart and I know he loves me. He has said so."

For a brief moment Juliet silently gazed down at Romeo. Then she said, "We have known each other for only a few hours, Romeo. I hope you don't think that I am a woman of easy virtue."

"Believe me, Juliet," he said, "I swear that I would never think such a thing."

"This love is too reckless and too sudden," she cried.

"My love for you is real and everlasting," declared Romeo, adamantly. "It was unexpected, that's true, but I know it will grow even deeper with time." [1]

"I have already expressed my love for you, Romeo," she said softly. "But I would take it all back just to have [2] the pleasure of saying it again."

□ flush a rosy pink (얼굴이) 홍조를 띠다
□ who to + 동사원형 …할 사람
□ for a brief moment 짧은 순간
□ a woman of easy virtue
　몸가짐이 헤픈 여자
□ reckless 무모한, 무분별한

□ everlasting 영원한, 변치 않는
□ declare 분명히 말하다, 선언하다
□ adamantly 단호하게
□ have the pleasure of …의 기쁨을 누리다
□ please 기쁘게 하다
□ those who절 …하는 사람들

So they continued talking together, Romeo from the garden and Juliet from her balcony. Each one was trying to find the sweetest words in the world to please the other. Time passed quickly, as it did for those who are in love.

---

1 **even + 비교급** 훨씬 더 …한
I know it will grow even deeper with time.
내 사랑이 시간이 갈수록 훨씬 더 깊어지리라는 것을 알고 있소.

2 **take ... back** …을 취소하다, 철회하다
I would take it all back just to have the pleasure of saying it again.
그 말을 다시 하는 기쁨을 누리기 위해 그것을 전부 취소할 수도 있어요.

Finally, Juliet's nurse called for her to come inside.

"It is time for me to retire to bed," said Juliet quickly. "If your love is honorable and your purpose is marriage, I will send a messenger tomorrow. Then we can choose a time to wed. And I will be yours and you will be my lord."

"Lady Juliet, come in out of the cold night air!" called her nurse.

"Sweet dreams, sweet Juliet," whispered Romeo.

"Sleep well, my love," whispered Juliet. "Parting is such sweet sorrow, but I will see you again very soon."

When the young lovers reluctantly said their final goodbyes, it was nearly dawn. Juliet went into her room, and closed her window. Then her nurse drew the dark curtain to shut out the moonlight.

Romeo wandered through the still and dewy garden like a man in a dream.

"I can't believe she loves me," he whispered.

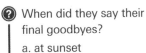

? When did they say their final goodbyes?
a. at sunset
b. nearly dawn
c. before midnight

□ call for …을 큰 소리로 부르다
□ retire to bed 잠자리에 들다
□ honorable 명예로운, 정직한
□ purpose 목적
□ wed 결혼하다
□ lord 남편
□ parting 이별, 작별
□ draw (커튼 등)을 치다, 닫다
　（draw-drew-drawn）
□ shut out …을 차단하다, 가리다
□ wander through …속을 헤매다, 돌아다니다
□ still 고요한
□ dewy 이슬이 맺힌

Romeo was too excited to sleep, so before the sun had fully risen, he went to visit Friar Laurence. The Friar was already up and had said his prayers. When he saw Romeo, he immediately knew that something was wrong.

"Are your feelings for Rosaline troubling you, Romeo?" he asked.

"No, sir, it is not Rosaline," said Romeo. "You did warn me that she would never love me. And I am now certain that is true."

"Well, what is it? What can I do to help you, Romeo?"

"Friar, I have fallen in love with a beautiful young woman. We wish to marry as soon as possible."

The Friar was surprised to hear this.

"Well," he said, "why do you wish to marry so quickly? People who speed through life tend to stumble. You are too passionate."

"But we all live by passion!" cried Romeo. [1]

"We live by reason," responded the Friar. "We die by our passions."

"Well, Friar, for once I'm being reasonable. The woman I wish to marry is Juliet Capulet. She is perfect, and it's reasonable to love perfection, isn't it? But we cannot tell our families. They will certainly forbid us to marry because of this foolish quarrel between them. Please help us."

After further discussion, Friar Laurence agreed to marry the young couple. He thought it is likely that if [2] Romeo and Juliet were married, it would help to mend the long feud between the Montagues and Capulets.

- □ friar 수도사
- □ trouble 괴롭히다
- □ speed 빨리 가다; 속력을 높이다
- □ tend to + 동사원형 ⋯하는 경향이 있다
- □ stumble 발을 헛디뎌 휘청거리다
- □ reason 이성

- □ reasonable 이성적인
- □ perfect 완벽한
- □ perfection 완벽
- □ forbid + 목적어(A) + to + 동사원형(B)
  A가 B하는 것을 막다
- □ mend (불화를) 해결하다, 개선시키다

---

1 **live by** ⋯에 따라 살다
"But we all live by passion!" cried Romeo.
"하지만 우리는 모두 열정에 따라 삽니다!" 로미오가 외쳤다.

2 **it is likely that절** ⋯할 것 같다, ⋯할 확률이 크다
He thought it is likely that if Romeo and Juliet were married, it would help to mend the long feud between the Montagues and Capulets. 그는 로미오와 줄리엣이 결혼한다면 몬태규와 캐퓰렛 두 집안 간의 오랜 불화를 해결하는 데 도움이 될 것 같다고 생각했다.

Romeo was overjoyed, and sent Juliet a note that read, "Meet me at the Friary early tomorrow morning. Everything is arranged, my love."

So, the next morning, just as the sun rose above the horizon, Romeo and Juliet were married in Friar's small chapel. When the ceremony was over, the lovers parted to return to their families until the coming of night. There were many tears and kisses before they went their separate ways.

"Don't cry, my darling wife," whispered Romeo. "I will be with you this evening." He wiped away the tears from her cheeks and covered her face with kisses. "We will not be apart for long."

That afternoon, Juliet's nurse went to the gardener's shed to fetch a rope ladder. She smuggled it upstairs to Juliet's room and quietly let it down from the balcony. Everything was now in readiness for Romeo to be with [1] his new wife that evening.

---

[1] **be in readiness for + 사람(A) + to + 동사원형(B)** A가 B할 준비가 갖추어지다
Everything was now in readiness for Romeo to be with his new wife that evening.
이제 그날 저녁 로미오가 새 신부와 함께 있을 만반의 준비가 갖추어졌다.

- [ ] read ···라고 적혀 있다
- [ ] friary 수도원
- [ ] be arranged 마련되다, 준비되다
- [ ] chapel 교회의 소예배당, 예배실
- [ ] ceremony 의식, 식
- [ ] go their separate ways 헤어지다, 각자의 길을 가다
- [ ] wipe away A from B A를 B로부터 닦아내다
- [ ] cover A with B A를 B로 뒤덮다
- [ ] be apart 떨어져〔헤어져〕 있다
- [ ] shed （작은）헛간
- [ ] fetch （가서）가지고 오다, 불러 오다
- [ ] rope ladder 줄사다리
- [ ] smuggle 몰래 들여오다; 밀수하다

 **Check-up Time!**

● **WORDS**

퍼즐의 빈칸에 들어갈 알맞은 철자를 써서 단어를 완성하세요.

			3					4

1 [ ] [r] [ ] [ ] [ ] [ ]

2 [ ] [ ] [ ] [ ] [ ] [e]

Across

1. 수도원
2. (즐거운) 고독

Down

3. 의식, 식
4. 덩굴 식물

● **STRUCTURE**

빈칸에 알맞은 것을 골라 문장을 완성하세요.

1 My love will grow _____ deeper with me.

   a. too   b. so   c. even

2 Everything was now in readiness for Romeo _____
with his new wife that evening.

   a. to be   b. be   c. being

다음은 누가 한 말일까요? 기호를 써넣으세요.

a.

Friar

b.

Juliet

c.

Romeo

1 "A rose by any other name would smell as sweet." _____

2 "We live by reason. We die by our passions." _____

3 "You look like a winged messenger from Heaven." _____

● SUMMARY

빈칸에 맞는 말을 골라 이야기를 완성하세요.

The night after the ball, Juliet stepped out onto her
(   ) and thought about Romeo. She was sad and
talked to the night about her (   ) love for him. Then
Romeo suddenly (   ) from behind the trees and
promised her true love forever. In the morning, Romeo
visited the Friar Laurence and asked him to marry
them. The Friar finally agreed to do, so Romeo and
Juliet were (   ) married in his chapel.

a. secretly   b. appeared   c. balcony   d. hopeless

ANSWERS

〈로미오와 줄리엣〉의 이야기는 사실일까?

Is the Romeo & Juliet Story True?

Nobody knows if the tragic story of *Romeo and Juliet* is true. Shakespeare wasn't the first to write about this sad story. He based his tragic tale on similar Italian stories popular throughout Europe at that time. However, it was William Shakespeare who made this story world famous.

Although it is hard to tell whether the storyline is true or not, *Romeo and Juliet* has many references to historical facts, real places, buildings and characters. For example, this story illustrates the long, bloody struggle between the Pope's party and the Emperor's party in Verona. It is a well-known fact that the Montague family, supporter of the Emperor's party, did live in Verona.

Visitors to Verona today can find Juliet's house, and the famous balcony from where she spoke to Romeo. The Cappello

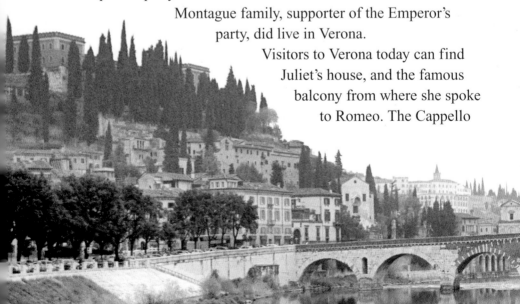

family owned this building for a long period. Identification of the name Cappello, with that of Capulet, began the popular belief that this was the home of Juliet. In the early 20th century, the building was designated as Juliet's house by the city. The walls in the entrance of her house are completely covered by names and love letters left by couples from around the world.

〈로미오와 줄리엣〉의 비극적인 이야기가 실제 있었던 일인지 아닌지는 아무도 알지 못해요. 윌리엄 셰익스피어가 이 슬픈 이야기를 쓴 첫 작가는 아니에요. 그는 당시 전 유럽에서 인기를 얻고 있었던 유사한 이탈리아 이야기들을 기초로 하여 이 비극을 썼어요. 하지만, 이 이야기를 세계적으로 유명한 이야기로 바꾸어 놓은 사람은 셰익스피어랍니다.

이야기가 사실인지 아닌지는 판단하기 어렵지만 〈로미오와 줄리엣〉에는 역사적인 사실과 실제 장소, 건물 및 인물들에 대한 언급이 많이 담겨 있어요. 예를 들어, 베로나의 교황파와 왕당파간의 오랜 유혈 분쟁을 실제로 보여주고 있어요. 왕당파를 지지했던 몬태규 집안이 베로나에 실제로 살았다는 것은 잘 알려진 사실이에요.

오늘날 베로나를 찾는 관광객들은 줄리엣의 집과 그녀가 로미오와 이야기하던 유명한 발코니를 볼 수 있어요. 이 집은 오랜 세월 동안 카펠로 집안의 소유였어요. 카펠로와 캐퓰렛이라는 이름의 유사성은 이 집이 줄리엣의 집일 것이라는 대중적인 믿음을 가져오기 시작했지요. 20세기 초에 베로나 시는 이 집을 줄리엣의 집으로 지정했어요. 그 집 입구의 양쪽 벽에는 전세계에서 방문한 연인들이 남긴 이름이나 연애 편지들로 완전히 뒤덮여 있답니다.

CHAPTER 4

A Farewell

이별

Later that day, Benvolio and his friend, Mercutio, were visiting Romeo when he received a note from Juliet's cousin, Tybalt.

Romeo,
You dishonored the Capulet family when you attended their masquerade ball without an invitation. I challenge you to a duel to restore their honor!

□ dishonor ⋯의 명예를 손상시키다
□ invitation 초대장; 초대
□ challenge ... to a duel ⋯에게 결투를 신청하다
□ restore 회복시키다
□ wounded (마음이) 상한, 상처 입은
□ duel 결투하다
□ in one's place ⋯을 대신하여

□ ignore 무시하다
□ go for a walk 산책하러 가다
□ side street 골목, 옆길
□ reason with 논리적으로 ⋯을 설득하다〔타이르다〕
□ insult 모욕하다
□ nothing but 오직 (= only)
□ villain 악당, 악인

"But Romeo, my friend," laughed Mercutio, "your heart is so wounded by love that you will certainly lose. I love to duel, let me accept in your place! You know I will certainly win!"

"No, I will not allow you to do so, and I will ignore his challenge," said Romeo. "Now, let us go for a walk. I have something of importance to tell you."

But they had not gone far when Tybalt and two of his [1] men appeared from a side street. Romeo wished to avoid a quarrel with Tybalt, because he was a cousin of Juliet. So he tried to reason with him.

"Come now, Tybalt," said Romeo. "I have never tried to insult you, or hurt you. Why are you so angry with me? I love you like a member of my own family!"

But Tybalt, who hated all Montagues, would not listen, and drew his sword.

"You are nothing but a villain, Romeo Montague!" he shouted. "Come on, put up your sword, then we will see who is the better man!"

---

1 **had not gone far when** (before) 절 얼마 가지 못했을 때 …했다
But they had not gone far when Tybalt and two of his men appeared from a side street.
하지만 그들이 얼마 가지 못했을 때 티볼트와 두 하인이 골목에서 나타났다.

Mercutio, who did not know of Romeo's secret, quickly drew his sword.

"I will fight you, but leave Romeo alone, Tybalt!" he shouted.

"Mercutio! Tybalt!" shouted Romeo. "Put your swords away! You know what will happen when the Prince hears of it!"

Romeo tried to hold his friend back, but Mercutio was determined to fight. The two men fought hard and fast, backward and forward, both trying to gain the upper hand.

1 **should have + p.p.** ···했어야 했다
You should have taken up my challenge rather than allow your friend to do so!
자네 친구가 그렇게 하도록 놔두지 말고 자네가 내 도전을 받아들였어야 했어!

Then, when
Mercutio fell
wounded to
the ground,
Tybalt
pierced his
heart with a
single thrust of his sword.

"Come on Romeo, see if you can do any better than
your dead friend!" taunted Tybalt.

"You should have taken up my [1]
challenge rather than
allow your friend to do
so! Are you still a
coward or will you
fight me now?"

- □ leave ... alone ⋯을 내버려 두다
- □ hold ... back ⋯을 저지하다〔말리다〕
- □ be determined to + 동사원형
  ⋯하기로 결심하다
- □ gain the upper hand 우위에 서다,
  이기다
- □ pierce (뾰족한 기구로) 찌르다, 뚫다

- □ thrust 찌르기
- □ taunt 비웃다, 조롱하다
- □ take up one's challenge
  ⋯의 도전을 받아들이다
- □ rather than ⋯하지 말고, 대신에
- □ coward 겁쟁이

Romeo was enraged at the death of his best friend.

"My best friend died because of me," he thought. "Oh, Juliet, I wish I could have married you one day ☀ later. Then Tybalt would not be my cousin, and I could take revenge on him."

In a second, Romeo forgot everything, except his anger at the man who had killed his dear friend. In silence, Romeo picked up his friend's sword, and then he cried, "Mercutio is dead! Soon, you or I, or both of us, will join* him!" 죽은 Mercutio에게 합류한다는 것은 '죽게 된다'라는 뜻이랍니다.

"It will be you who will follow him!" shouted Tybalt. The two men started to fight furiously. Tybalt was an excellent fighter, but Romeo's anger fueled his desire for revenge. Soon Tybalt lay [1] dead at Romeo's feet.

So, on the very day of his wedding, Romeo killed [2] Juliet's cousin!

The news of the deadly brawl reached the Prince of Verona, and he was infuriated. But when he discovered that Tybalt had started the fight, the Prince did not sentence Romeo to death. Instead, the Prince banished Romeo from Verona.

□ be enraged at …에 몹시 화가 나다
□ take revenge on …에게 복수하다
□ in a second 순식간에, 금세
□ in silence 조용히, 말없이
□ furiously 맹렬하게
□ fuel …에 기름을 붓다, …을 부채질하다

□ brawl 싸움; 소동
□ infuriated 극도로 화난
□ sentence ... to death …에게 사형을 선고하다
□ banish + 목적어(A) + from + 장소(B) A를 B에서 추방하다

1 **lie [keep/remain/hold] + 형용사** …인 채 누워 있다
Soon Tybalt lay dead at Romeo's feet.
곧 티볼트는 로미오의 발치에 죽은 채 누워 있었다.

2 **on the very day of** …당일에, 바로 그날에
So, on the very day of his wedding, Romeo killed Juliet's cousin!
그래서 자신의 결혼식 당일에, 로미오는 줄리엣의 사촌을 죽이게 된 것이다!

Mini-Less☼n

I wish + 가정법 과거 (과거형 동사): …하다면 좋을 텐데
See p.114
I wish + 가정법 과거완료 (조동사의 과거형 + have + p.p.): …했더라면 좋았을 텐데
• I wish I had many friends. 친구가 많다면 좋을 텐데.
• I wish I could have married you one day later.
  내가 하루만 늦게 당신과 결혼할 수 있었더라면 좋았을 텐데.

At the same time, Juliet was watching the sunset from her balcony.

"Hurry up and disappear, sun," she whispered in the twilight. "The sooner it gets dark, the sooner Romeo ☀ will come to me. Then we can spend our first night together."

Juliet desperately wanted to see Romeo again, but the time passed by so slowly. Would darkness ever come?

Suddenly, her nurse ran into her room and cried, "Terrible news, my Lady! He's dead! He's been killed!"

Juliet could hardly breathe, and almost fainted.

"Who's dead? Is it Romeo?" she asked.

"No, no," said the nurse quickly, "Romeo is alive, but he has killed Tybalt! Now the Prince has banished Romeo from Verona!"

- □ in the twilight 황혼 속에서, 땅거미가 질 무렵
- □ desperately 간절하게
- □ faint 기절하다
- □ raven 큰 까마귀, 갈가마귀
- □ dressed as …처럼 옷을 입은
- □ run down (눈물·물 등이) …을 타고 흘러내리다
- □ calm down 진정하다
- □ console 위로하다
- □ in a murderous mood 사람을 죽이려 드는 분위기의

---

1 주어 + would (could, should, might) + have + p.p. + if + 주어 + had + p.p.
만약 …했다면 ~했을 것이다 (과거 사실의 반대)
Romeo would have died if he had not killed Tybalt.
만약 로미오 님이 티볼트 님을 죽이지 않으셨다면 자신이 죽게 되셨을 거예요.

Juliet could not believe what her nurse was telling her.

"How could he do such a thing!" she cried. "Romeo and I have only been married a few hours and he has killed one of my family! He must be a wolf in sheep's clothing, or a raven dressed as a dove!"

Tears ran down her cheeks.

"Calm down, my Lady," the nurse consoled Juliet. "Tybalt was in a murderous mood! Romeo would have [1] died if he had not killed Tybalt. So stop crying and be happy that your husband is still alive!"

"But how can I be happy?" she said, sobbing. "Romeo is banished and will never be allowed to return to Verona again! He may as well be dead!" [2]

She put her hands over her eyes and continued to cry.

---

2 **may as well + 동사원형** ···하는 것과 다름없다; ···하는 것이 낫다
He may as well be dead! 그는 죽은 것과 다름없어!

Mini-Less ☀n

See p.115

the + 비교급 (A), the + 비교급 (B)
'A할수록 더 B하다'라는 표현은 「the + 비교급 (A), the + 비교급 (B)」으로 나타낸답니다.

• The sooner it gets dark, the sooner Romeo will come to me.
빨리 어두워질수록, 더 빨리 로미오는 내게 올 텐데.

• The more I ran, the more I became tired. 많이 달릴수록, 나는 더 피곤해졌다.

Meanwhile, Romeo sought sanctuary in Friar Laurence's chapel to ask his advice. The good Friar tried to console Romeo, but it was to no avail. [1]

"What can I do, Friar?" he cried. "For me, to be banished from Verona is a punishment worse than death. Never to be able to return to Verona will kill me! I cannot live without Juliet!"

"Be patient, Romeo," said Father Laurence. "Visit your wife tonight and say your farewells. Then you must [2] leave before sunrise or the Prince might have you executed!"

But the young man was grief-stricken, and could not be comforted.

> ❓ Romeo must leave Verona
> before _____.
> a. sunset
> b. sunrise
> c. midnight
> 윤을 q

☐ seek sanctuary (보호받기 위해) 사원 〔성역〕으로 도망치다
  (seek - sought - sought)
☐ punishment 처벌, 형벌
☐ patient 참을성 있는
☐ say one's farewells 작별 인사를 하다

☐ have ... executed …을 처형시키다
☐ grief-stricken 비탄에 빠진
☐ be comforted 위로를 받다
☐ in the meantime 그동안에
☐ send for …을 부르러 사람〔전갈〕을 보내다

"You can live in Mantua," continued the Friar, "and in the meantime, I will think of something so that you and Juliet can be together forever! I will send for you when I have a plan. Now go quickly!"

1 **to no avail** 헛수고인, 소용 없는
The good Friar tried to console Romeo, but it was to no avail.
자상한 수도사는 로미오를 위로하려 노력했지만 헛수고였다.

2 **must + or** …해야 한다, 그렇지 않으면
You must leave before sunrise or the Prince might have you executed! 자네는 해가 뜨기 전에 반드시 떠나야 하네, 그렇지 않으면 대공님이 자네를 처형할지도 몰라!

Later that night, Romeo climbed up the rope ladder to Juliet's balcony. Her window was open, so he entered her room and immediately took her hand. She was overjoyed to see him, but their meeting was not a happy one as it should have been on their wedding day. [1]

Romeo took Juliet in his arms and held her tightly to his chest. He kissed away her tears as they talked about what they could do to save their future together.

"Parting like this, sweet Juliet, is worse than parting through death!" he said. "How will I survive the endless hours without you? Heaven is here with you, hell is never being with you again!"

Long before the sun rose the following morning, Romeo got up to leave. But Juliet pleaded with him to stay.

"You don't have to leave yet," she said, "It is still dark, so stay with me a little longer!"

"I must leave for Mantua before dawn," he said sadly. "I can already see the first light in the sky!"

- take ... in one's arms …을 두 팔로 껴안다
- hold A to B A를 B에 (가까이) 두다〔대다〕
- kiss away one's tears …의 눈물을 키스로 닦아내다
- survive …을 견뎌내다; …에서 살아남다
- long before …하기도 전에
- plead with + 목적어(A) + to + 동사원형(B) A에게 B하라고 간청하다

1 **as it should have been** (과거에) 당연히〔마땅히〕 …했어야 했던 것처럼
Their meeting was not a happy one as it should have been on their wedding day.
그들의 만남은 결혼식 날 당연히 그래야 했던 것처럼 행복한 만남은 아니었다.

Juliet looked through the window and saw that Romeo was right. The sun was indeed beginning to show above the horizon.

"Oh, yes, there it is!" cried Juliet. "Quickly, you must leave immediately!"

It was very difficult to say goodbye, but finally Romeo gave Juliet one last kiss. Then he said, "Friar Laurence has agreed to pass on our letters. I will send a message every day."

Once more they held each other, with bitter tears and heavy hearts. Then Romeo climbed down the rope ladder and vanished into the darkness. They did not know if or when they would meet again!

> ❓ Why did Juliet look through the window?
> a. to see if there was a light
> b. to see if there was the rope ladder
> c. to see if the Friar came

□ look through the window
  창밖을 내다보다
□ indeed 정말로, 참으로
□ pass on ···을 전달하다

□ bitter tears 쓰라린 눈물; 피눈물
□ climb down ···을 타고 내려가다
□ vanish into the darkness
  어둠 속으로 사라지다

Check-up Time!

빈칸에 들어갈 알맞은 단어를 고르세요.

1 I _____ you to a duel to restore my honor!

   a. survive   b. pierce   c. challenge

2 Romeo's anger _____ his desire for revenge.

   a. fueled   b. sentenced   c. insulted

3 He climbed down the rope ladder and _____ into the darkness.

   a. banished   b. vanished   c. dishonored

● STRUCTURE

주어진 단어를 어순에 맞게 쓰세요.

1 You _____ _____ _____ up my challenge rather than allow your friend to do so! (taken, should, have)

2 He will never return to Verona again! He _____ _____ _____ be dead! (as, may, well)

3 They _____ _____ _____ _____ _____ Tybalt and two of his men appeared.

(not, when, gone, had, far)

ANSWERS

Words | 1. c   2. a   3. b
Structure | 1. should have taken   2. may as well   3. had not gone far when

본문의 내용에 맞게 알맞은 것을 골라 문장을 완성하세요.

1 On the very day of his wedding, Romeo killed Juliet's

_____ .

   a. brother   b. friend   c. cousin

2 Romeo went to _____ after he had killed Tybalt in a fight.

   a. the chapel   b. his house   c. Juliet's room

● SUMMARY

빈칸에 맞는 말을 골라 이야기를 완성하세요.

After the wedding, Romeo received a note from Tybalt regarding a (   ). Romeo tried to ignore it, but his friend (   ) fought instead of him and died. Romeo was furious and fought with Tybalt, and finally killed him. The Prince was so angry that he ordered Romeo to be (   ) from Verona. Romeo and Juliet were sad and spent the night together. The next day, he left for (   ).

---

a. banished   b. Mercutio

c. duel   d. Mantua

ANSWERS

Secrets and Lies!

비밀과 속임수!

After Tybalt's death, Lord Capulet realized that many of the young people didn't listen to him. Tybalt had died because he had not heeded his warning. Lord Capulet didn't want his only daughter to make the same mistake. So he decided that she should marry Count Paris. Of course he had no idea that Juliet was already married to a Montague!

The next morning he called Juliet into his study and said, "Count Paris wishes to marry you, so I have given him my permission. The wedding will be held the day after tomorrow. It is time you were married, so what do [1] you say?"

Juliet was taken aback at the sudden news.

"No!" she cried. "I will not marry a stranger. I will only marry for love, Father!"

Lord Capulet was furious at her reply and fell into a rage.

"Love!" he said angrily. "What does love have to do [2] with marriage? You will do your duty and marry him! Now go, your mother wants to see you!"

Juliet escaped, and hurried away to ask Friar Laurence what she should do.

□ have no idea that절 …라는 사실을 모르다
□ be married to …와 결혼하다
□ be held 거행되다, 열리다
□ the day after tomorrow 모레
□ be taken aback at …에 깜짝 놀라다
□ be furious at …에 몹시 화가 나다
□ fall into a rage 울컥 화를 내다

---

1 **It is time + 주어 + 과거형 동사** 이제 …할 때가 되었다
It is time you were married. 이제 네가 결혼할 때가 되었다.

2 **What does A have to do with B?** A가 B와 무슨 관계가 있는가?
What does love have to do with marriage?
사랑이 결혼과 무슨 관계가 있느냐?

When Juliet entered the chapel, Friar Laurence anxiously said, "I know why you have come. Count Paris was here earlier to make preparations for your wedding."

Tearfully, Juliet asked if it was possible to cancel her [1] wedding to the Count.

"I want to help you, but please understand ... " the Friar started to say.

Suddenly, Juliet took a knife from her pocket and held it to her chest.

"If you cannot help, I will help myself!" she cried.

"Stop! Don't do that! There is another way!" cried the Friar. He took the knife from her hand and said, "I can help you if you are brave."

"I will do anything to stop marrying Count Paris!" [2] she declared. "I will sleep with snakes or lie in a dead man's grave. Tell me what to do, and I will do it!"

□ make preparations for ···의 준비를 하다
□ tearfully 눈물을 흘리며, 슬프게

□ take A from B A를 B에서 꺼내다〔빼앗다〕
□ grave 무덤

1 **it is possible to + 동사원형** ···하는 것이 가능하다
Tearfully, Juliet asked if it was possible to cancel her wedding to the Count. 줄리엣은 눈물을 흘리며 백작과의 결혼을 취소하는 것이 가능한지 물었다.

2 **stop ...ing** …하는 것을 막다

"I will do anything to stop marrying Count Paris!" she declared.
"패리스 백작과 결혼하는 것을 막기 위해서는 무슨 일이든 하겠어요!" 그녀가 단호하게 말했다.

The Friar handed Juliet a small bottle filled with liquid.

"Here, take it," he said. "Go back and tell your father you have changed your mind. Drink this the night before the wedding, and you will fall into a deep sleep that will last for two days. However, everyone will think you are dead, so when they take you to church, it will be to bury you, not to marry Count Paris!"

"Oh, Friar, do you think it will work?"

"Of course it will!" he said. "Now, listen carefully! Your family will think you are dead and put you in the Capulet vault. But before you wake up, Romeo and I will be there to take care of you. Then he will take  you to Mantua where you will both be safe! Are you afraid, or are you strong enough to carry out this plan?"

"I am not frightened," said Juliet. "I will do anything to be reunited with Romeo!"

"I will send a message to Romeo with details of our plan," said the Friar.

□ filled with …로 가득 찬
□ liquid 액체
□ last 지속되다
□ work (원하는) 효과가 있다
□ vault 지하 납골당〔묘지〕

□ take care of …을 돌보다〔보살피다〕
□ carry out …을 수행하다
□ frightened 무서운, 겁먹은
□ be reunited with …와 다시 만나다

1 **hand A B** A에게 B를 건네주다
The Friar handed Juliet a small bottle filled with liquid.
수사는 줄리엣에게 액체로 가득 찬 작은 병을 건네주었다.

2 **fall into a deep sleep** 깊은 잠에 빠지다
You will fall into a deep sleep that will last for two days.
아가씨는 이틀 동안 지속되는 깊은 잠에 빠지게 될 겁니다.

As Juliet walked home, she thought about the Friar, and his plan.

"What if it is poison he has given me?" she thought. "What if he means to avoid any blame for my marriage to Romeo? No, he is an honest man of the church, so he wouldn't lie to me! But what if I awaken before Romeo and the Friar come to my rescue? How horrible it would be for me to die there beside Tybalt's bloody, decomposing body!"

The day was warm, but the thought sent cold shivers down her spine!

"Enough of 'what-ifs'!" she thought. "This is the only way!"

Juliet's mind was still full of questions when she went to her father's study.

"I have changed my mind, Father," she said. "I will marry Count Paris."

Lord Capulet was very pleased that she had changed her mind.

"You will not be sorry, Juliet," he said. "Count Paris is a good man, and I know he will be a good husband to you!"

☐ poison 독약
☐ blame for ···에 대한 책임
☐ come to one's rescue ···을 구하러 오다
☐ bloody 피투성이의
☐ decomposing 썩고 있는, 부패되는

☐ send cold shivers down one's spine ···의 등골을 오싹하게 하다
☐ (have had) enough of ···은 더 이상 못 참다
☐ what-if 가정, 만약의 문제
☐ sorry 후회하는

1 **What if절 ...?** 만일 ···라면 어쩌지?
What if it is poison he has given me?
만일 수사님이 내게 준 것이 독약이라면 어쩌지?

2 **mean to + 동사원형** ···할 속셈이다 (의도이다)
What if he means to avoid any blame for my marriage to Romeo?
만일 그분이 내가 로미오와 결혼한 것에 대한 책임을 피할 속셈이라면 어쩌지?

The next day Juliet's father set about arranging the wedding feast, and inviting his friends. There was a great deal to do, and everyone stayed up all night to complete the preparations. Lord Capulet had noticed that Juliet was very unhappy. But he thought she was upset about the death of her cousin, Tybalt. He was anxious to get her married quickly, in case she [1] changed her mind again.

"Marriage will be good for her," he thought. "It will take her mind off other things!"

But little did he know that she was pining for Romeo, her true love!

That night, as Juliet lay in her bed, she opened the bottle the Friar had given her. For a moment, she worried that the medicine might not work. So she placed a knife beside her that she could use it to kill herself if the medicine failed to work. She would rather [2] die than marry the Count!

"I must be brave," she said to herself.

1 **in case** 절 …할까 봐, …하는 경우를 대비해서
He was anxious to get her married quickly, in case she changed her mind again.
캐퓰렛 영주는 줄리엣이 또 마음이 변할까 봐 서둘러 그녀를 결혼시키려고 안달이었다.

Then she put the bottle
to her lips, and cried, "Romeo,
I drink this for you!"
  And without hesitating,
she drank its contents.
Soon she fell into a
deep sleep.

☐ **set about** …하기 시작하다, …에 착수하다
☐ **arrange** 마련하다, 준비를 하다
☐ **wedding feast** 혼인 잔치
☐ **a great deal to do** 처리할 많은 일
☐ **stay up all night** 밤을 지새우다
☐ **complete** 끝마치다, 완료하다
☐ **be upset about** …에 대해 속상하다

☐ **be anxious to + 동사원형** …하려고
   안달이다, …하고 싶은 생각이 간절하다
☐ **take A's mind off B** B에서 A의
   마음을 돌리다
☐ **pine for** …을 몹시 그리워하다
☐ **put ... to one's lips** …을 입가에 대다
☐ **without hesitating** 망설임 없이
☐ **contents** 내용물

2 **would rather A than B** B하기보다는 차라리 A하는 편이 나을 것 같았다
   She would rather die than marry the Count!
   그녀는 백작하고 결혼하기보다는 차라리 죽는 편이 나을 것 같았다!

Early the following morning the nurse went to wake Juliet. She was to help the young bride-to-be dress for her wedding. The nurse softly called her name, but there was no answer. Juliet usually woke at the slightest sound, but this time she didn't wake up. The nurse was annoyed and went over to Juliet's bed and shook her. But when she could not wake her, the nurse screamed, "Help! Help! Someone help! Lady Juliet is dead!"

Lord and Lady Capulet and Count Paris ran into Juliet's bedroom, and stood staring down at her cold and lifeless body.

"Oh, my baby!" cried her mother. "My daughter! My beautiful daughter is dead!"

"Oh, Juliet is dead!" cried Lord Capulet.

They knelt beside her bed to pray, but all their weeping could not wake her. However, she wasn't dead, but only the Friar knew her secret.

The Capulet household was thrown into turmoil, sorrow, and grief. Later that morning, Lord and Lady Capulet made plans for their daughter's funeral. So, instead of being Juliet's wedding day, it was to be the ☀ day of her funeral!

☐ bride-to-be 신부가 될 사람
☐ at the slightest sound 아주 미세한 소리에도
☐ annoyed 속이 탄, 짜증이 난
☐ go over to …로 (건너)가다
☐ stare down at …을 뚫어지게 내려다 보다

☐ lifeless 생명이 없는
☐ weeping 울음 (소리)
☐ be thrown into turmoil 혼란에 빠지다 (throw-threw-thrown)
☐ grief 비탄
☐ make plans for …의 계획을 세우다
☐ funeral 장례식

Mini-Less☀n

be to + 동사원형

be 동사 뒤에 「to + 동사원형」이 오면 '…해야 하다' 라는 의무의 뜻이나 '…할 것이다' 라는 예정의 뜻으로 쓰인답니다.

• She was to help the young bride-to-be dress for her wedding.
  그녀는 신부가 될 아가씨가 결혼 예복을 입는 것을 도와야 했다.

• So, instead of being Juliet's wedding day, it was to be the day of her funeral!
  이렇게 해서, 그날은 줄리엣의 결혼날 대신 장례식 날이 될 것이었다!

 Check-up Time!

● **WORDS**

빈칸에 알맞은 단어를 보기에서 골라 써넣으세요.

| turmoil | feast | vault | liquid |

1 The Friar handed Juliet a small bottle filled with _____.

2 Lord Capulet set about arranging the wedding _____.

3 Your parents will think you are dead and put you in the Capulet _____.

4 The Capulet household was thrown into _____, sorrow, and grief.

● **STRUCTURE**

알맞은 것을 골라 문장을 완성하세요.

1 Juliet was already married (with / to) a Montague!

2 What does love to do (with / by) marriage?

3 (How / What) if it is poison he has given me?

4 She would rather die (than / to) marry him!

5 What if he means (avoiding / to avoid) any blame for my marriage to Romeo?

● COMPREHENSION

다음 중 줄리엣이 약을 먹은 후 일어날 일에 대해 수사가 생각했음 직한 내용이 아닌 것은?

a. "Juliet's family will take her to the church to bury her."

b. "Romeo will be in the Capulet vault before Juliet wakes up."

c. "Romeo will take Juliet to Mantua and they will be safe."

d. "Juliet will not be scared when she awakens beside Tybalt's dead body."

● SUMMARY

빈칸에 맞는 말을 골라 이야기를 완성하세요.

Juliet was surprised to hear from her (　　) that she was to marry Count Paris. She went to the Friar and asked him what to do. He gave Juliet a medicine that would make her sleep for two days. The night before the (　　), she drank it and fell into a deep sleep. The next morning, her (　　) couldn't wake her, and her family thought that Juliet was dead. Sadly, they made plans for her (　　).

a. funeral　　　b. wedding　　　c. nurse　　　d. father

A Tragic Death
비극적인 죽음

Bad news, which always travels faster than good, now brought the sad story of Juliet's death to Romeo in Mantua. Romeo's most trusted servant knew the secret of the marriage, but not of Juliet's false death. So when he heard the news, he hurried to tell Romeo that his wife was dead.

"Her funeral is to be held later today, Master!"

Romeo was distraught when he heard the news.

"Are you certain of this?"

"Yes, Master, I am sure," said the servant. "All of Verona is talking about it!"

"Then I must go and lie beside Juliet tonight," cried Romeo, as tears rolled down his face.

Soon after Romeo's departure, a monk arrived at Romeo's hideaway. He knocked on the door several times, but no one answered.

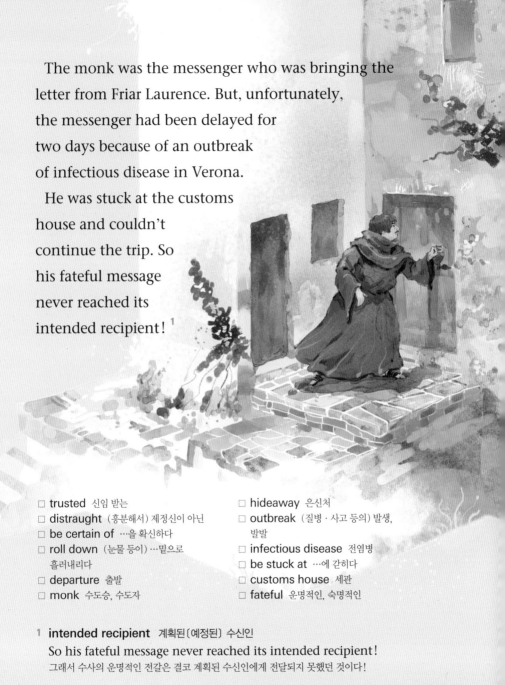

The monk was the messenger who was bringing the letter from Friar Laurence. But, unfortunately, the messenger had been delayed for two days because of an outbreak of infectious disease in Verona.

He was stuck at the customs house and couldn't continue the trip. So his fateful message never reached its intended recipient! [1]

□ trusted 신임 받는
□ distraught (흥분해서) 제정신이 아닌
□ be certain of …을 확신하다
□ roll down (눈물 등이) …밑으로
　흘러내리다
□ departure 출발
□ monk 수도승, 수도자

□ hideaway 은신처
□ outbreak (질병·사고 등의) 발생,
　발발
□ infectious disease 전염병
□ be stuck at …에 갇히다
□ customs house 세관
□ fateful 운명적인, 숙명적인

1 **intended recipient** 계획된(예정된) 수신인
　So his fateful message never reached its intended recipient!
　그래서 수사의 운명적인 전갈은 결코 계획된 수신인에게 전달되지 못했던 것이다!

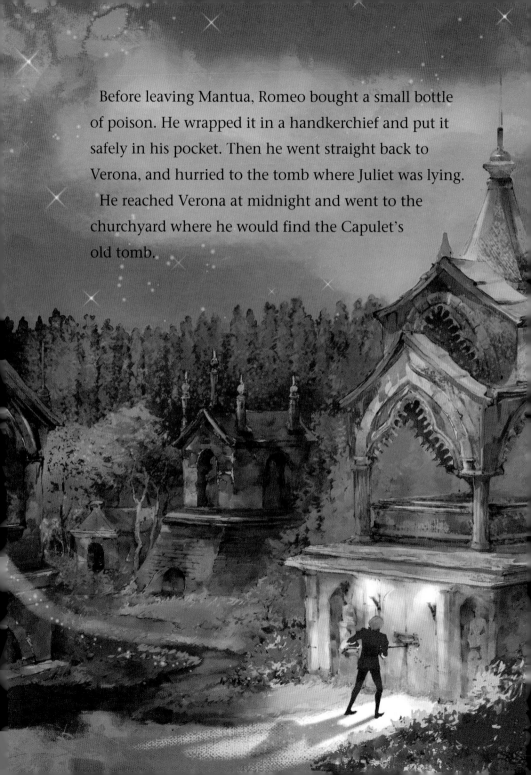

Before leaving Mantua, Romeo bought a small bottle of poison. He wrapped it in a handkerchief and put it safely in his pocket. Then he went straight back to Verona, and hurried to the tomb where Juliet was lying.

He reached Verona at midnight and went to the churchyard where he would find the Capulet's old tomb.

He broke into it, and hurried down the stone steps to the Capulet vault. But when he was halfway down, he heard a voice calling for him to stop. It was Count Paris!

"How dare you come here and disturb the Capulet [1] vault!" cried Paris. "Go! Go back to Mantua, you vile Montague!"

Paris had come to the vault to cover Juliet's body with flowers. And he wanted to be alone to pray over the young woman who would have been his bride. He didn't know why Romeo had come, but knew that he was a Montague. So he thought that Romeo had come to defile the dead bodies of the Capulets.

- □ wrap A in B A을 B에 싸다
  (wrap-wrapped-wrapped)
- □ handkerchief 손수건
- □ go straight back to …로 곧장
  돌아가다
- □ tomb 무덤
- □ churchyard 교회 묘지

- □ break into …에 침입하다, (문 등을)
  억지로 열다 (break-broke-broken)
- □ steps 계단
- □ halfway down 반 정도 내려가서
- □ disturb 어지럽히다
- □ vile 비열한, 불쾌한
- □ defile (신성한 것)을 더럽히다

1 **How dare ... !** 감히 …하다니!
How dare you come here and disturb the Capulet vault!
감히 자네가 여기 와서 캐퓰렛 가의 납골당을 어지럽히다니!

Romeo was crazy with grief, and sobbed, "Please leave [1]
me to my sorrow!"

But Paris would not be deterred from protecting Juliet
and the Capulet vault.

"You were told that if you returned to Verona you [2]
would die," said Paris.

"I have come here to die," said Romeo. "Please leave me! Leave me! Go! Please go, before I do you any harm!"

"I will arrest you as a murderer if you do not put up your sword!" cried Paris.

Romeo was angry and distraught, and drew his sword. The two young men fought, and as Romeo's sword pierced his heart, Paris fell to the ground.

"I am dying, Romeo. Please lay me next to Juliet!" he cried.

Romeo looked down with pity at the Count's dead body.

"He loved Juliet too," said Romeo, sadly. "I will grant his dying wish and lay him beside her."

- □ be crazy with grief 슬픔으로 미칠 지경이다
- □ be deterred from ...ing …하는 것을 단념하다
- □ do ... harm …에게 해를 입히다
- □ arrest A as B A를 B로서 체포하다
- □ murderer 살인자
- □ lay (내려) 놓다〔두다〕(lay-laid-laid)
- □ with pity 동정심을 갖고
- □ grant one's dying wish …의 유언을 들어주다

1 **leave A to A's sorrow** A를 슬픔에 잠기게 내버려 두다
Please leave me to my sorrow! 제발 나를 슬픔에 잠기게 내버려 두게!

2 **be told that절** …라는 말을 듣다
You were told that if you returned to Verona you would die.
자네는 베로나로 돌아오면 죽을 것이라는 말을 들었을 텐데.

Romeo carried the dead man into the tomb, and gently laid him beside Juliet. He looked down sadly at her face for a moment. She was so beautiful that he couldn't believe his beloved wife was dead.

"Oh, dearest wife," he said, "even in death your beauty is without equal. You look like you have just fallen [1] asleep!"

Then he held her lifeless body in his arms, and as tears poured down his face, he kissed her icy lips.

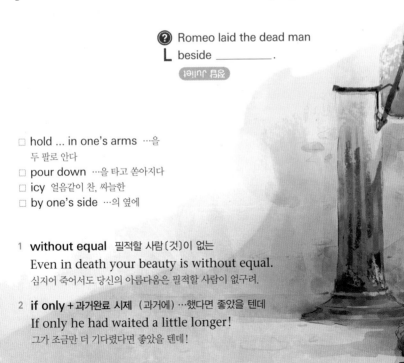

? Romeo laid the dead man
beside _____ .

정답 Juliet

□ hold ... in one's arms ⋯을
  두 팔로 안다
□ pour down ⋯을 타고 쏟아지다
□ icy 얼음같이 찬, 싸늘한
□ by one's side ⋯의 옆에

1 **without equal** 필적할 사람(것)이 없는
  Even in death your beauty is without equal.
  심지어 죽어서도 당신의 아름다움은 필적할 사람이 없구려.

2 **if only + 과거완료 시제** (과거에) ⋯했다면 좋았을 텐데
  If only he had waited a little longer!
  그가 조금만 더 기다렸다면 좋았을 텐데!

"I cannot live without you, sweet Juliet!" he whispered. "I will soon be by your side forever."

He drank the poison, and lay down next to his young wife. If only he had waited a little longer! [2]

Shortly after Romeo had closed his eyes for the final [1] time, Friar Laurence arrived. He had discovered that his message had never reached Romeo, so he hurried to the Capulet's tomb to rescue Juliet. But when he arrived at the entrance to the tomb, he was surprised to see a light burning and bloodied swords lying on the floor.

As he turned slowly around the vault, his eyes came to rest on the lifeless bodies of Romeo and Paris.

"Oh, no," he cried, "I am too late! What am I to tell Juliet when she awakens?"

In the meantime, a small crowd of people had begun to gather at the top of the stone steps.

☐ for the final time 마지막으로
☐ discover that절 …라는 사실을 발견하다
☐ entrance to …로 향하는 입구
☐ bloodied 피투성이의
☐ turn around …주위를 돌아보다

☐ come to rest on …위에 멈추게 되다
☐ gather (사람들이) 모이다
☐ be drawn to …에 이끌리다
☐ be scared of ..ing …하는 것을 두려워하다

They had been drawn to the vault by the sound of the duel between Count Paris and Romeo.

Friar Laurence was scared of being discovered, and ran away when he heard the voices from above. He was hiding in the churchyard to watch for an opportunity to [2] rescue Juliet.

1 **shortly after**절 …한 직후에
Shortly after Romeo had closed his eyes for the final time, Friar Laurence arrived. 로미오가 마지막으로 눈을 감은 직후에 로렌스 수사가 도착했다.

2 **watch for an opportunity to+동사원형** …할 기회를 엿보다
He was hiding in the churchyard to watch for an opportunity to rescue Juliet. 그는 교회 묘지에 숨어 있으면서 줄리엣을 구해낼 기회를 엿보았다.

Soon after the Friar's departure, Juliet woke from her sleep. She could not understand why she lay between the bodies of Romeo and Count Paris.

"Oh no, what has happened?" she cried. "Why do they lie so still?"

Juliet looked around, but there was no one to help her. She was alone! Then she noticed an empty poison bottle in Romeo's hand, and realized what he had done.

"Oh, God, my Romeo is dead!" she cried. She took the bottle from his hand, but saw there was nothing inside. "Oh, dearest Romeo, you drank it all and left none for me."

So she took the dagger from his belt, and cried, "I cannot live without you, Romeo!"

As the crowd made their way down the steps to the vault, Juliet stabbed herself through her heart. She died almost instantly and fell with her head on Romeo's [1] breast.

The Prince, the Montagues and the Capulets rushed into the vault with their guards. They couldn't believe their eyes! Their beloved children lay stone dead before them. They collapsed, moaning and crying in their grief.

□ still 꼼짝도 않는, 움직이지 않는
□ empty 비어 있는
□ dagger 단검
□ make one's way 나아가다
□ stab oneself through one's heart
　자신의 심장을 찌르다

□ breast 가슴
□ rush into …로 돌진하다
□ stone dead 완전히 죽은
□ collapse 주저앉다, 쓰러지다
□ moan 신음하다

1　**with one's head on** …을 베고
　She died almost instantly and fell with her head on Romeo's breast. 그녀는 거의 즉사하여 로미오의 가슴을 베고 쓰러졌다.

"So what happened here?" said the Prince.

Soon after, Friar Laurence was found in the churchyard and taken to the Prince.

"I know I am guilty of deception," pleaded the Friar. "But I did it for the love of a young couple who should have been allowed to be together."

"Tell me the truth about what happened, and I may not punish you!" said the Prince of Verona.

So, Friar Laurence told the story of the young lovers, Romeo and Juliet.

"They were very much in love and I hoped that the union would end the quarrels between their families." he said quietly.

Then he fell to his knees before the Prince and sobbed, "But it didn't, it only made it worse! If it is my fault, then let me die!"

□ be guilty of ···의 죄가〔책임이〕 있다
□ deception 속임, 기만
□ be allowed to + 동사원형 ···하는 것이 허락되다
□ may not + 동사원형 ···하지 않을 수도 있다
□ union 결합
□ fall to one's knees 무릎을 꿇다
□ make ... worse ···을 악화시키다
□ fault 잘못, 책임
□ only child 외동 자식, 외동딸〔아들〕
□ come over ···을 찾아오다〔덮치다〕
□ cause 일으키다, ···의 원인이 되다
□ forgiveness 용서
□ clasp hands 굳게 악수하다

"It's not your fault, Friar," said the Prince. He turned to the Capulets and Montagues, who were standing quietly behind him. "See what has happened. You've lost your only children."

A heavy silence came over the families. Then, and only then did they understand how much sorrow their silly quarrel had caused. The two families were distraught, and asked forgiveness of each other. Then, over the bodies of their dead children they clasped hands and agreed to be friends.

Mini-Lesson

도치: only + 부사(구) + 조동사/do동사 + 주어 + 동사원형

「only + 부사(구)」를 강조하기 위해 문두에 둘 때 그 뒤는 어순이 도치되어 「조동사 / do동사 + 주어 + 동사원형」이 된답니다.

• Only then did they understand how much sorrow their silly quarrel had caused.
그때서야 그들은 자신들의 어리석은 싸움이 얼마나 큰 슬픔을 일으켰는지 깨달았다.

• Only after three years could he find out the truth.
3년이 지나서야 그는 진실을 알게 되었다.

Check-up Time!

● **WORDS**

퍼즐의 빈칸에 들어갈 알맞은 철자를 써서 단어를 완성하세요.

Across

1. 잘못, 책임
2. 살인자

Down

3. (질병 등의) 발생
4. 단검

● **STRUCTURE**

빈칸에 알맞은 단어를 골라 문장을 완성하세요.

1 Even in death your beauty is _____ equal.

   a. to   b. on   c. without

2 _____ dare you come here and disturb the Capulet's tomb!

   a. How   b. What   c. Where

본문의 내용과 일치하면 T, 일치하지 않으면 F에 표시하세요.

1 The monk was delayed because of an outbreak of infectious disease. ☐T ☐F

2 Paris was waiting for Romeo in the churchyard. ☐T ☐F

3 The Friar ran away because he was scared. ☐T ☐F

4 The Prince said that the Friar was guilty of the young lovers' death. ☐T ☐F

● SUMMARY

빈칸에 맞는 말을 골라 이야기를 완성하세요.

After hearing of Juliet's death, Romeo went straight to (　　) with his bottle of poison. When he arrived at the Capulet (　　), he met Paris and killed him. Then Romeo drank the poison and died next to Juliet. A few moments later, Juliet awakened and was shocked to see Romeo lying dead beside her. She was so sad that she stabbed herself through her (　　). After their death, the two families heard about their story from the Friar, and at last they agreed to be (　　).

---

a. friends　　b. vault　　c. Verona　　d. heart

Summary | c, b, d, a
Comprehension | 1. T　2. F　3. T　4. F

After
the Story

Reading X-File 이야기가 있는 구문 독해

Listening X-File 공개 리스닝 비밀 파일

Story in Korean 우리 글로 다시 읽기

They hurried home with the Prince's words ringing in their ears.

대공의 말이 귓가에 울리는 가운데 그들은 급히 집으로 갔다.

★ ★ ★

무리 지어 싸우던 몬태규 가와 캐퓰렛 가의 사람들은 대공의 등장에 싸움을 멈춥니다. 두 집안의 싸움에 지친 대공은 다음 번 싸움을 유발하는 사람은 누구라도 처형하겠다고 엄포를 놓고 그들은 대공의 말이 귓가에 울리는 가운데 급히 집으로 돌아가죠. 이를 설명한 위 문장은 어떤 동작이 다른 동작과 동시에 일어나는 상황을 '…가 ~하는 가운데〔~한 채〕'라는 뜻의 with + 목적어 + 분사형 동사를 통해 나타내고 있어요. 줄리엣과 로미오의 대화로 살펴볼까요?

Juliet

Romeo, please don't go to Mantua.
How can I live without you?

로미오, 맨투어로 가지 말아주세요.
당신 없이 난 어떻게 살아가죠?

Romeo

I must leave you with my heart aching.
We will meet again soon, Juliet.

가슴이 쓰라린 채 당신을 떠나야만 하오.
우린 곧 다시 만날 거요, 줄리엣.

Little did she know that Romeo was hiding behind a hedge of cypress.

로미오가 사이프러스 울타리 뒤에 숨어있는 것을 그녀는 전혀 알지 못했다.

★　★　★

첫눈에 반하게 된 로미오가 원수 가문의 아들이라는 사실을 알게 된 줄리엣은 발코니로 나가 아름다운 밤 정원을 내려다보며 슬픈 마음을 달랩니다. 로미오가 나무 울타리 뒤에 숨어있다는 사실을 전혀 모른 채 말이죠. 이를 묘사한 위 문장은 '전혀 …않다' 라는 부정어를 강조하기 위해 문두에 두다 보니 그 뒤의 어순이 바뀌어 do동사＋주어＋동사원형이 되었는데요, 이처럼 부정어가 문두에 와서 어순이 바뀌는 예를 줄리엣과 유모의 대화로 다시 한번 익혀 볼까요?

Juliet

Oh, what am I to do? Never did I imagine that I would love a Montague!

아, 어쩌면 좋지? 내가 몬태규 가 사람을 사랑하게 되리라고는 상상도 못했어!

Nurse

Oh, forget all about him, my Lady. He is the greatest enemy of your family.

오, 아가씨, 그분을 싹 잊어버리세요. 그분은 아가씨 집안의 가장 큰 적인걸요.

I wish I could have married you one day later.

하루만 늦게 당신과 결혼할 수 있었더라면 좋았을 텐데.

★　★　★

로미오의 친구 머큐시오는 로미오를 대신해 티볼트와 결투를 하다 죽게 됩니다. 이때 아내의 사촌인 티볼트와 어쩔 수 없이 싸울 처지가 된 로미오는 자신의 괴로운 마음을 '…했더라면 좋았을 텐데'라는 뜻의 I wish +주어+가정법 과거완료(could+have+p.p.)를 통해 나타내고 있어요. 이는 과거 사실과 반대되는 상황을 바랄 때 쓰는 표현이랍니다. 그럼 로미오와 티볼트의 대화로 살펴봐요.

Romeo

I wish I could have fought you.
Then Mercutio would not be dead!

내가 자네와 싸웠더라면 좋았을 텐데.
그럼 머큐시오는 죽지 않았을 거야!

Tybalt

You should have taken up my challenge!
Come on, put up your sword!

자네가 내 도전을 받아들였어야 했어!
자, 검을 뽑게!

The sooner it gets dark,
the sooner Romeo will come to me.

빨리 어두워질수록, 더 빨리 로미오는 내게 올 텐데.

★　★　★

결혼식 후 집으로 돌아온 줄리엣은 밤이 되어야 자신에게 올 수 있는 로미오를 기다리며 어서 해가 지기를 바랍니다. 하지만 어둠은 영영 오지 않을 것처럼 시간이 더디 가는 것 같았죠. 위 문장은 사랑하는 로미오를 빨리 볼 수 있도록 어서 밤이 되기를 기다리는 줄리엣의 간절한 심정을 나타내고 있는데요, 'A할수록 더 B하다' 라는 뜻의 the + 비교급(A), the + 비교급(B)에 잘 담겨 있네요. 수사와 로미오의 대화를 볼까요?

Friar

It would be better not to love Juliet. The more you love her, the more you will get hurt.

줄리엣을 사랑하지 않는 편이 좋네.
그녀를 사랑할수록, 더 많이 상처받을 것이네.

Romeo

Don't worry too much, Friar.
With her love, I'm not afraid of anything!

너무 걱정 마세요, 수사님.
그녀의 사랑이 있다면 아무것도 두렵지 않아요!

01 wh 발음에서 사라지는 h

wh의 h는 소리가 거의 나지 않아요.

화이트 크리스마스? 캐롤송에서 흔히 듣는 말이지요. 하지만 정확하게는 '와잇 크리스마스'라고 해야 한답니다. 왜 그럴까요? 그것은 영어에서 wh가 함께 나올 때 h의 [ㅎ] 발음을 대부분 생략하기 때문이랍니다. h는 없다고 생각하고 입을 앞으로 내밀어 [우]하고 w발음을 한 다음 모음을 발음해 주세요. 그럼 이런 예를 본문 38쪽과 50쪽에서 한번 살펴볼까요?

"I'm Romeo," he (①) as he gazed into her eyes.

① **whispered** h 소리가 생략되어 [위스퍼드]로 들리지요?

He stepped out of the shade of the trees, and into the bright, (②) moonlight.

② **white** [화잇]이라고 들리나요? 아니죠, [와잇]이라고 들리지요? wh 발음은 h를 생략하고 w 발음만 하기 때문이에요.

02 자음들이 연이어 나올 때는?

자음이 3개 이상 나올 때 중간 자음은 없는 셈 치세요.

우리가 감사를 표현할 때 흔히 사용하는 thanks. [쌩크스]라고 발음하나요? 아니죠, [쌩스]라고 하지요. 이것은 영어에서 자음이 3개 이상이 연달아 나올 경우 중간 자음은 발음하지 않는 경우가 많기 때문이랍니다. 따라서 thanks는 연이어 나오는 자음 n, k, s 중 중간 자음인 k가 생략되어 [쌩스]가 된 것이지요. 그럼 이를 본문 75쪽과 104쪽에서 확인해 볼까요?

"How will I survive the (①) hours without you?"

① **endless** d 소리가 생략되어 [엔리ㅅ]로 발음했지요?

Then she noticed an (②) poison bottle in Romeo's hand, and realized what he had done.

② **empty** p 소리를 생략하고 [엠띠]라고 발음했어요.

03 모음 앞에서 순해지는 t

t가 모음으로 시작되는 단어를 만나면 [ㄹ]로 소리나요.

부드러운 발음을 좋아하는 미국식 영어에서는 t를 본래의 [ㅌ]로 발음하지 않고 흘려서 [ㄹ]로 발음하는 경향이 있어요. party를 [파아리], water를 [워어러]라고 발음하는 것처럼요. 이런 현상은 단어 안에서만 일어나는 것이 아니라 단어와 단어가 연결될 때, 특히 t가 마지막 소리로 오고 다음에 모음이 이어질 때도 일어난답니다. 자, 이런 현상을 본문 86쪽과 99쪽에서 함께 찾아볼까요?

"(①) it is poison he has given me?" she thought.

① **What if** t가 뒤의 모음 i를 만나 [왙이ㅍ]가 아니라 [와리ㅍ]로 발음된 걸 알 수 있지요?

"I will arrest you as a murderer if you do not (②) your sword!"

② **put up** t가 다음 단어의 모음을 만나 [푸럽]으로 발음됐어요.

04 조동사 뒤에서 작아지는 have

「조동사＋have」는 하나로 뭉쳐서 발음하세요.

─────────────────────────────────

가정법 과거완료 문장에 나오는 「조동사 (would, could, should, might)＋have＋p.p.」의 경우 「조동사＋have」는 한 호흡으로 빠르게 이어져 발음됩니다. 조동사의 끝소리 d, t는 [ㄹ] 정도로 약화되고 have의 첫소리 [ㅎ]는 사라져 거의 들리지 않아 두 단어가 마치 한 단어처럼 들리게 되죠. 그럼 이런 경우를 본문 97쪽과 106쪽에서 다시 한번 확인해 볼까요?

> He wanted to be alone to pray over the young woman who (①) been his bride.

① **would have** would의 d가 [ㄹ]로 약화되고, have의 [ㅎ]가 거의 들리지 않아 [우러ㅂ]라고 뭉쳐서 발음됐어요.

> "I did it for the love of a young couple who (②) been allowed to be together."

② **should have** 마찬가지로 [슈러ㅂ]라고 한 단어처럼 발음됐지요?

우리 글로 다시 읽기
로미오와 줄리엣

1장 | 몬태규와 캐퓰렛

`p.14~15`　16세기에 두 유력 가문인 몬태규 가문과 캐퓰렛 가문이 아름다운 이탈리아 도시 베로나의 상류사회에 군림하고 있었다. 두 가문은 베로나의 유지였고 그들은 대부분 현명하게 행동했지만, 가끔 무분별한 행동을 일삼을 때가 있었다.

몬태규 가문과 캐퓰렛 가문은 오랜 세월 서로 앙숙이었다. 몬태규 가문 사람은 캐퓰렛 가문 사람을 길에서 만나도 말을 하지 않았고, 캐퓰렛 가문 사람 또한 그러했다. 꼭 말을 해야 하는 얼마 되지 않은 경우에는 서로 사납고 악의적인 언사를 하곤 했다.

그들의 먼 친척들과 하인들 또한 똑같이 어리석어서 거리의 다툼이나 결투는 흔하게 일어났다. 이런 사건들은 유혈 사태로 끝나기 일쑤여서 가끔은 죽는 지경에까지 이르렀는데, 그때마다 복수를 다짐하는 협박 또한 난무했다.

`p.16~17`　이상한 것은 캐퓰렛 가문과 몬태규 가문 사람들 누구도 왜 그들이 싸우는지 알지 못한다는 것이었다. 다툼의 원인은 이미 오래 전에 잊혀졌는데도 그들은 싸움을 계속했다. 그때마다 패배자는 복수를 꾀하곤 했는데, 이것이 더 많은 불화와 다툼으로 이어지게 되었다. 이 다툼은 과연 끝날 것인가?

어느 날 아침, 캐퓰렛 가문의 두 하인인 샘슨과 그레고리가 베로나의 거리에서 볼일을 보고 있었다. 갑자기 샘슨의 눈에 건너편 길에 있는 몬태규 가문의 두 하인들이 들어왔다.

"저기를 보게, 그레고리." 샘슨이 말했다. "몬태규 가문의 하인 두 명이 이쪽으로 오고 있네. 난 그들의 주인에게 어떻게 교훈을 주어야 할지 알고 있지. 싸움을 신청해서 자신들이 얼마나 겁쟁이들인지 알게 하자고!"

몬태규 가문의 두 하인들이 다가오자 그레고리와 샘슨은 그들의 길을 막았다.

"무슨 일이냐?" 몬태규의 하인 하나가 깊은 한숨을 쉬며 물었다.

"우리는 너희 몬태규 사람들이 얼마나 용감한지 알고 싶다." 샘슨이 대답하며 그들

앞에서 거들먹거리며 왔다갔다했다.

"그러니까 너희는 싸움을 원한단 말이지?" 몬태규의 다른 하인이 검을 뽑으며 말했다. "좋아, 도전을 받아들이지. 방어할 생각이나 해라!"

네 명의 하인들은 격렬하고 민첩하게 싸우며 거리의 위아래로, 앞뒤로 옮겨갔다. 쨍하고 부딪히는 칼들의 울림이 거리와 골목에 울려 퍼졌다. 곧 작은 무리가 구경하려고 몰려들었다.

p.18~19 몬태규 영주의 조카인 벤볼리오가 칼들이 쨍그랑거리는 소리를 듣고 인파를 헤치고 나아갔다.

"멈춰라, 이 바보들!" 그가 소리쳤다. "뭐 하는 짓이냐? 검을 내려라. 이 싸움은 무의미한 것이다!"

잠시 후 몬태규 가문의 사람들이라면 모두 싫어하는 티볼트 캐퓰렛이 싸움에 끼어들었다.

"검을 들게, 벤볼리오!" 티볼트가 큰 소리로 외쳤다. "오늘이 자네 제삿날이네."

"자네와 싸우고 싶지 않네. 난 평화를 유지하려고 이곳에 왔네. 이 싸움을 멈추도록 도와주게, 티볼트."

"평화! 평화!" 티볼트가 화가 나서 소리질렀다. "난 그 말을 싫어하네, 또한 자네 몬태규들도 싫네. 자넨 싸우고 싶지 않다고 했겠다. 아마도 자네가 겁쟁이기 때문이겠지."

"난 겁쟁이가 아닐세." 벤볼리오가 검을 뽑으며 말했다. "내가 싸움을 막을 수 없더라도 자네는 막을 수 있겠지!"

p.20~21 몬태규 가문과 캐퓰렛 가문의 사람들 사이의 적의가 높아져 가는 가운데, 베로나 대공이 도착했다. 그는 즉시 이 극렬한 적대자들을 알아보았다.

"멈춰라! 당장 싸움을 멈추지 못할까!" 대공이 소리쳤다.

처음에는 신음소리와 검들의 쨍그랑거리는 소리에 묻혀 아무도 대공의 말을 듣지 못했다. 그래서 대공은 아수라장 한가운데로 발을 들여놓았다.

"멈춰라! 즉시 이 싸움을 멈출 것을 명한다!" 대공이 고함을 치며, 자신의 두 팔을 머리 위로 번쩍 치켜 올렸다.

남자들은 대공을 알아보자 얼른 검을 내리고 조용히 그 앞에 섰다.

"난 너희들의 끊임없는 싸움에 지쳤다." 대공이 말을 이었다. "베로나는 더 이상 예전의 고요하고 평화로운 도시가 아니다. 가서 너희 주인들에게 이런 악감정은 이제 끝나야 한다고 전해라. 경고하건대 다음 번에 두 집안 간에 싸움을 하는 것이 발각되면 그 자는 사형에 처해질 것이다!"

군중들은 곧 뿔뿔이 흩어졌고 남자들도 검을 치웠다. 그리고 대공의 말이 귓전에 울리는 가운데 서둘러 집으로 돌아갔다.

p.22~23   며칠 후 몬태규 노영주의 아들 로미오는 깊이 생각에 잠긴 채 넓은 저택의 정원을 거닐고 있었다. 그는 우울했고, 아름다운 여름 날씨조차 그의 기분을 북돋아 주지 못했다. 로미오는 사랑하는 여인 로잘린에 대한 생각에 사로잡혀 있었다. 로잘린은 그의 사랑의 말들을 계속 무시했고, 그로 인해 그는 비탄에 잠겨 있었다.

'난 부유한 귀족 집안의 잘생긴 청년이다.' 그가 생각했다. '로잘린은 무엇을 더 바란단 말인가? 내가 자신에게 관심이 있다는 사실을 명예롭게 여겨야 할 텐데.'

로미오가 이런 우울한 생각을 하며 홀로 거니는 동안, 그의 사촌 벤볼리오는 몬태규 영주 부부와 대화를 하고 있었다.

"우리 아들이 걱정스럽구나." 캐퓰렛 부인이 초조한 기색으로 말했다. "최근 로미오를 거의 본 적이 없고, 또 본다 해도 그 애는 우울해 있더구나. 왜 요즘 그 애가 침울하고 가족들과 담을 쌓고 있는지 아느냐?"

"아름다운 로잘린에 대한 짝사랑 때문인 것 같습니다." 벤볼리오가 대답했다.

"그 애는 한 여자 생각만 하기에는 너무 어리다." 몬태규 영주가 말했다. "네가 가서 한번 말해 보겠느냐? 로미오를 젊은 친구들과 어울리게 해 보려무나. 그 애가 네 충고라면 들을 게다."

"최선을 다해 보겠습니다. 하지만 로미오의 마음을 돌리겠다고 약속드릴 수는 없습니다. 그가 무언가를 마음에 두면 얼마나 완고한지 아시지 않습니까!"

p.24~25 벤볼리오는 급히 로미오를 찾으러 갔고 곧 몬태규 대저택의 정원에서 그를 발견했다.

"좋은 아침이네, 로미오."

"아직 아침이란 말인가?" 로미오가 슬프게 중얼거렸다. "슬픈 시간은 참 더디게도 가는군."

그는 돌멩이를 하나 집어 분수에 던져 넣었다.

"무슨 일인가, 로미오? 왜 그렇게 우울한 얼굴을 하고 있지?"

"사랑하는 로잘린이 여전히 날 퇴짜 놓고 있다네." 로미오가 대답하며 깊은 한숨을 쉬었다. "그녀는 마치 나를 투명 인간처럼 취급하지만 여전히 그녀는 내게 전부라네."

"여보게, 그 여자를 싹 잊어버리게." 벤볼리오가 말했다. "세상에는 아름다운 여자들이 많다네. 자네에게 수십 명이라도 소개시켜 주지. 아무도 자네의 멋진 얼굴을 거부하지 않을 걸세!"

"다른 여자들은 만나고 싶지 않네. 누구도 로잘린만큼 아름다울 수는 없어. 난 그녀를 사랑하고 그녀 없는 인생은 살아갈 수가 없네!" 로미오가 말했다.

"숙부님께서는 자네가 진정한 사랑을 알기에는 너무 어리다고 생각하시더군." 벤볼리오가 말했다. "나 또한 동의하는 바이네. 사랑은 기쁨을 주는 것이지, 슬픔을 주는 것이 아닐세. 자네의 이런 모습을 보기 싫군."

p.26~27 로미오는 '싫다(hate)'는 단어를 듣자 자신의 사촌을 똑바로 바라보았다.

"싫다고?" 로미오가 외쳤다. "내가 증오(hate)로 가득한 편이 나을 것 같은가? 자네도 알다시피 몬태규 사람들은 증오하고 싸우고 죽이기를 좋아하지. 하지만 증오하기 좋아하든 사랑하기 좋아하든 아무 상관이 없다네. 증오와 사랑은 같은 열정의 양면이야. 그리고 종국에는 이 둘이 어차피 우리를 죽일 거야."

벤볼리오는 사촌의 말이 옳다는 것을 알고 있었다. 몬태규 가문 사람들은 모두 지나치게 열정적이었고, 로미오 또한 다르지 않았다.

로미오는 힘겹게 분수 가에 앉더니 탄식했다. "오, 벤볼리오, 로잘린은 평생 순결서약을 했다지 뭔가! 난 어쩌면 좋은가? 그녀를 잊는 방법은 죽음뿐이라네!"

2장 | 가면무도회

p.30~31 다음날 베로나의 한 거리에서
길을 걷던 캐퓰렛 영주가 젊은 백작
패리스를 만났다. 패리스는 자신을
소개하고 날씨를 비롯해 일상적인
이야기를 나눈 후 "캐퓰렛 영주님을
드디어 만나 뵙게 되어 매우 기쁩니다.
따님이신 아름다운 줄리엣을 일전에
보았습니다. 따님과의 결혼 허락을 받고
싶습니다."라고 말했다.

"줄리엣은 아직 너무 어리네, 백작." 영주가 말했다. "내 아내가 줄리엣을 벌써 결
혼시키고 싶어할지 모르겠네. 하지만 한번 얘기해 보지. 난 오늘 밤에 가면무도회를 열
예정인데 거기에 참석해 주면 영광이겠네. 그럼 이 문제를 더 의논해 볼 수 있을 걸세."

그날 오후 캐퓰렛 영주는 하인에게 명단을 주면서 말했다. "자, 빨리 가서 이 사람
들에게 초대장을 돌리거라. 내가 만찬과 가면무도회를 열 것이다. 다들 와서 즐기라고
전해라."

p.32~33 홀로 남겨진 가엾은 하인은 까막눈인 자신의 처지를 한탄했다. 주인에게
사실을 말하고 싶지 않았기 때문에 그는 명단을 들고 과감히 거리로 나갔다. 그때 로
미오와 벤볼리오가 지나가는 것을 보았다.

늙은 하인은 눈이 어두워서 그들이 몬태규 집안의 사람들인 것을 알아보지 못했다.
하인은 그들에게 명단을 읽어달라고 부탁했고, 벤볼리오가 이름들을 소리 내어 읽어
주었다. 로미오는 명단에 있는 로잘린의 이름을 들었을 때 심장이 멎는 것 같았다!

하인이 주인의 명을 행하기 위해 급히 가버리자 로미오가 슬프게 말했다. "오, 로잘
린, 그녀가 거기에 오는군. 하지만 내가 어떻게 가겠는가? 난 몬태규라네!"

"왜 못 가는가?" 벤볼리오가 말했다. "가면을 쓰고 가니 아무도 우리를 알아보지
못할 것이네. 거기엔 수많은 아름다운 아가씨들이 있을 것이네. 로잘린을 그들과 비교
해 볼 좋은 기회가 될 거야."

로미오는 고개를 끄덕이면서 말했다. "자네 말이 맞을지도 몰라, 벤볼리오. 하지만
난 로잘린이 거기에 가기 때문에 가는 거네. 그녀의 마음을 돌리도록 설득할 수 있을

지도 몰라. 7시에 시청 옆에서 만나 연회에 함께 가세."

벤볼리오가 가버리자 로미오는 로잘린을 생각하면서 집으로 돌아갔다.

'로잘린은 한번도 내게 친절하게 대한 적이 없어.' 로미오가 생각했다. '그런데 왜 나는 그녀를 사랑할까? 잘 모르겠어, 아마 난 누군가를 간절하게 사랑하기 원하나 봐! 결국 벤볼리오가 옳을 수도 있어. 로잘린은 내 여자가 아닐지도 몰라.'

p.34~35 그날 저녁 캐퓰렛 영주는 자신의 대저택 안으로 손님들을 맞아들였다. 로미오와 벤볼리오가 도착했을 때 가면을 쓰고 있었기 때문에 노영주는 그들을 알아보지 못했다. 영주는 친절하게 그들을 맞아 다른 손님들에게 인도했다.

무도회장과 인접한 식당은 멋지게 차려 입은 채 즐거운 시간을 보내는 모든 연령대의 사람들로 가득했다. 로미오는 여인들의 아름다운 비단옷들과 반짝거리는 보석들에 매료되었다. 그는 로잘린의 모습을 보게 되기를 기대하면서 조용히 사람들 사이로 움직였다.

그때 로미오는 춤을 추는 사람들 중에서 놀라운 미모의 아가씨를 보고 숨이 멎을 뻔했다! 그는 즉시 어여쁜 로잘린에 대해 잊어버리고 말았다.

이 아가씨는 빛나는 공단 드레스를 입고 목과 촛불에 아른거리는 길고 검은 머리에 진주를 달고 있었다. 그녀의 미모는 다른 모든 아가씨들을 압도하며 빛나서 그녀는 마치 까마귀 떼 사이의 새하얀 비둘기처럼 보였다. 로미오는 그녀에게서 눈을 뗄 수가 없었다.

'바로 저 여자야!' 그는 감탄하면서 생각했다.

p.36~37 로미오는 벤볼리오를 돌아보며 말했다. "정말이지, 사촌, 바로 저 아가씨라네. 난 저 여자를 보자마자 사랑에 빠졌네!"

그러나 로미오는 근처에 서 있던 티볼트 캐퓰렛이 모든 대화를 듣고 있다는 것을 알지 못했다.

'저 목소리를 알고 있어. 로미오 몬태규 녀석이야!' 티볼트가 속으로 생각했다.

그는 불같이 화가 나서 곧장 자신의 삼촌을 찾으러 갔다.

"삼촌, 말씀드릴 굉장히 중요한 사실이 있어요. 로미오 몬태규 녀석이 연회에 초대 받지도 않았는데, 지금 여기에 와 있습니다!"

"자, 자, 티볼트, 진정하거라." 캐퓰렛 영주가 조용히 말했다. "내 지붕 밑에서는 그 누구에게도 무례하게 대하고 싶지 않다, 설령 그것이 몬태규라 할지라도. 어떻게 해야 할지 내 생각해 보마."

티볼트는 그 자리에서 당장 로미오에게 덤벼들고 싶었지만, 삼촌의 충고에 귀를 기울였다. 그는 로미오에게 이번 일에 대한 대가를 톡톡히 치르게 해주겠다고 벼렀다.

p.38~39 자신이 발각되었다는 사실을 모르는 로미오는 그 신비로운 아가씨에게 다가갔다. 그는 부드럽게 그녀의 팔을 잡고 속삭였다. "따라와요."

아가씨는 로미오 쪽으로 몸을 돌렸다. 가면을 쓰고 있었지만 그는 그녀가 지금까지 본 중 가장 잘생긴 남자였다. 그녀는 로미오를 따라 무도회장을 나가 옆에 딸린 작은 방으로 들어갔다. 거기서 로미오는 가면을 벗고 가만히 그녀의 손을 자신의 입술로 가져갔다.

"나는 로미오요." 그가 줄리엣의 눈을 바라보며 속삭였다. "당신은 천사이니 부드러운 입맞춤을 드리고 싶습니다."

로미오의 입술이 부드럽게 자신의 손에 닿자, 줄리엣은 머리로 피가 확 쏠리는 듯한 전율을 느꼈다. 줄리엣은 살며시 손가락을 그의 손가락 사이에 넣어 깍지를 끼고 힘주어 잡았다. 로미오는 가볍게 몸을 떨었다. 그녀의 손길은 놀라운 느낌을 주었다.

"천사에게도 입술이 있나요?" 로미오가 줄리엣의 귀에 대고 속삭였다.

그러고 나서 그는 그녀에게 고개를 숙이더니 입을 맞추었다. 그의 입술은 아주 따스하고 감미로워서 줄리엣도 열렬히 반응하게 되었다. 자신의 입술이 그의 입술 안으로 녹아 들어가는 것처럼 느껴졌다.

첫 입맞춤이 끝나자 그들은 서로의 눈 속 깊이 들여다보았다. 그들의 영혼이 합쳐져 마치 하나가 된 듯, 온전히 마법에 빠진 것 같은 순간이었다. 그들은 꿈결 같은 사랑에 푹 빠졌다. 예전의 어떤 것도 이런 느낌을 주지는 못했다.

p.40~41 갑자기 누군가 다급하게 부르는
목소리가 두 사람을 방해했다. "줄리엣 아가
씨!"

줄리엣의 유모였다. 그들은 마지못해
떨어졌고, 로미오는 유모가 나타나자마자
바로 가면을 다시 썼다.

"어머님이 급히 이야기할 것이 있으
시대요, 줄리엣 아가씨." 유모가 말했다.
"자, 제가 바로 모셔다 드릴게요."

"지금?" 줄리엣이 말했다. "하지만 난 지금 너무 재미있단 말이야."

"어머님이 급한 용무라고 하셨어요."

"알았어, 가서 뵐게. 너무 길지만 않으면 좋겠는데!"

줄리엣은 급히 가면서 유모에게 속삭였다. "나에게 말을 건 저 잘생긴 신사는 누구
지? 예전에는 본 적이 없는 것 같은데."

"아가씨, 그분을 조심하셔야 해요." 유모가 말했다. "가면을 쓰고 있었지만 전 그
분이 아가씨 집안의 철천지원수 집안의 외동아드님인 로미오 몬태규 님인 것을 알아
봤어요. 그분과 가까이하지 않는 편이 좋으실 거예요."

줄리엣은 너무나 심한 충격을 받아 도저히 말이 나오지 않았다.

'오, 이럴 수가!' 그녀가 절망스럽게 생각했다. '어떻게 나의 진정한 사랑이 그런
숙적 집안의 사람이란 말인가?'

p.42~43 줄리엣은 어머니에게 다가가며 얼굴을 찌푸렸다.

"무슨 일이세요, 어머니?" 그녀가 짜증스럽게 물었다. "무슨 말씀이든 내일까지
기다리실 수 있으셨잖아요?"

"줄리엣, 그렇게 짜증내지 말거라." 캐퓰렛 부인이 말했다. "너에게 멋진 청년에
대해 얘기해 주는 것이 중요하지 않겠니. 그가 너와 결혼하고 싶다고 아버지에게 청했
다는구나. 이름은 패리스 백작인데 베로나 대공님과 친척이란다. 넌 영광으로 생각해
야 한다, 아가!"

"전 결혼하기엔 너무 어려요, 어머니." 줄리엣이 화를 내며 말했다. "제 나이엔 즐
겁게 보내야 해요, 정착하는 게 아니고요."

"왜 항상 그렇게 호들갑이니, 줄리엣? 연회장으로 돌아가거라. 내일 아버지와 더 얘기하자꾸나."

줄리엣이 자신의 어머니와 이야기하는 동안, 로미오는 유모에게 다가갔다.

"저 매혹적인 파란 눈동자의 아름다운 아가씨는 누구지요?"

"캐퓰렛 영주님의 따님이신 줄리엣 아가씨십니다." 유모가 대답했다.

로미오는 그 말에 충격을 받아 비틀거리면서 바깥 정원으로 나갔다. 거기서 무릎을 꿇고 앉아 욱신거리는 머리를 두 손으로 감싸 쥐었다.

'이럴 수가. 원수에게 내 마음을 빼앗기다니! 가족들이 우리를 함께 하게 해줄 리가 없어. 어쩌면 좋단 말인가?'

3장 | 비밀 결혼식

p.46~47 그날 저녁 늦게 모든 손님들이 연회장을 떠난 후 줄리엣은 자신의 방으로 갔다. 그녀는 작은 발코니로 향하는 유리문을 열고 달빛 속으로 나갔다. 줄리엣은 자기에게 입맞춤한 청년을 생각하면서 저택을 둘러싸고 있는 아름다운 정원을 내려다보았다.

그녀는 로미오가 사이프러스와 협죽도 울타리 뒤에 숨어있다는 사실을 꿈에도 알지 못했다. 로미오는 연인의 모습을 언뜻 볼 수 있기를 기다리며 가만히 위를 응시했다. 창가를 둘러싼 꽃 덩굴이 달빛 속에서 그녀의 사랑스러운 얼굴에 테를 두르는 모습을 보고 그는 넋을 빼앗겼다.

'그녀의 창가에서 새어 나오는 저 빛은 무엇이란 말인가? 그녀는 동쪽에서 떠오르는 태양 같구나. 마치 마법사가 나를 이 아름답고 황홀한 정원에 내려준 것 같아. 이건 모두 꿈이 아닐까?'

p.48~49 줄리엣은 자신의 감정을 마음 속에 담아두지 못하고 밤하늘에 비밀을 털어놓기 시작했다.

"아아, 아름다운 정원아." 줄리엣이 탄식했다. "난 로미오 몬태규와 사랑에 빠졌어! 어쩌면 좋아?"

이 말을 들은 로미오의 심장은 기쁨으로 뛰었다. 그러나 그녀에게 말을 걸지 못한 채 떠나게 되면 영영 그녀를 보지 못하게 될 것 같아 두려웠다.

'그녀의 눈은 밤하늘의 별처럼 반짝이는구나.' 로미오가 생각했다. '그녀가 머리를 손에 고이고 있는 모습을 봐. 내가 저 손이라면 그녀의 사랑스러운 얼굴을 어루만질 텐데!'

"우린 절대 함께 할 수 없어!" 그녀가 흐느꼈다. "만일 가족들이 우리 사랑을 알게 된다면, 우리를 떼어놓기 위해 무슨 일이든 할 거야!"

잠시 정적이 흘렀고 줄리엣의 작은 흐느낌만이 적막을 깰 뿐이었다.

'오, 다시 말을 해 주오, 다정한 천사여!' 로미오가 생각했다.

로미오의 소망은 실현되어 줄리엣은 다시 밤하늘에 대고 부드럽게 말을 했다.

"오, 로미오, 로미오! 왜 당신은 로미오인가요?
부디 나를 위해 당신의 아버지를 부인하고 당신의 이름을 거절해 주세요.
정말 나를 진심으로 사랑하신다면 다른 이름을 가져 주세요.
이름이 무슨 의미가 있나요?
장미는 다른 이름을 가진다 해도 그 향기는 마찬가지일 거예요.
그러니 당신이 로미오라고 불리지 않더라도 똑같이 다정한 사람일 거예요.
로미오, 당신의 이름을 없애버리고 내게로 와주세요!"

p.50~51 줄리엣은 울기 시작했고 그녀의 눈물이 달빛 속에서 다이아몬드처럼 반짝였다. 로미오는 그녀의 말에 넋을 빼앗겼다.

"오, 줄리엣. 당신은 마치 우리 지상의 인간들이 우러러보는 천상의 전령사 같소." 그가 나지막히 중얼거렸다.

로미오는 더 이상 참고 있을 수가 없었다. 그는 나무 그림자에서 나와 밝고 하얀 달빛 속으로 나갔다.

"나를 연인이라고 불러주십시오." 로미오가 말했다. "그러면 나는 다른 이름을 가지고 다시는 로미오가 되지 않겠습니다."

줄리엣은 그의 목소리에 깜짝 놀라서 비명을 질렀다.

"내 고독을 방해하는 분이 누구신가요?"

"나는 로미오요." 그가 큰 소리로 말했다. "나를 알아보지 못하겠소?"

줄리엣은 그를 보게 되어 기쁘기 그지없었지만 "여기 있는 건 위험해요. 아버지의 하인들이 보면 분명 당신을 죽이고 말 거예요!"라고 말했다.

"아아, 만약 당신이 나를 차가운 눈으로 쳐다본다면 스무 자루의 칼보다 더 위험할 것이오. 당신의 사랑만 있다면 그 누구도 무찌를 수 있소. 하지만 당신의 사랑이 없다면 내 삶은 아무 가치가 없소."

p.52~53 이 말을 들은 줄리엣의 얼굴이 장밋빛으로 물들었다.

'사랑은 사랑이야. 아무도 사랑에 빠질 상대를 고를 수는 없어. 나는 로미오를 진심으로 사랑하고 있고 그 또한 나를 사랑해. 그가 그렇게 말했어.'

짧은 순간 줄리엣은 조용히 로미오를 내려다 보았다. 그리고 나서 "로미오, 우리는 서로 알게 된 지 몇 시간밖에 되지 않았어요. 나를 헤픈 여자로 여기지 말아주었으면 좋겠군요." 라고 말했다.

"나를 믿어요, 줄리엣. 맹세코 그런 생각은 품은 적도 없소."

"이 사랑은 너무 무모하고 갑작스러워요." 줄리엣이 탄식했다.

"당신에 대한 내 사랑은 진실하고 영원한 것이오." 로미오가 단호하게 말했다. "예상하지 못한 것은 사실이지만, 시간이 갈수록 사랑이 더 깊어지리라는 것을 알고 있소."

"난 이미 당신에게 사랑을 고백했어요, 로미오." 줄리엣이 부드럽게 말했다. "하지만 다시 말하는 즐거움을 누리기 위해 말한 것을 다 취소할 수도 있어요."

그렇게 해서 로미오는 정원에서 줄리엣은 발코니에서 함께 이야기를 계속했다. 두 사람은 상대를 기쁘게 해주려고 세상에서 가장 달콤한 말들을 찾으려 애썼다. 사랑에 빠진 사람에게 그러하듯 시간은 빠르게 흘러갔다.

p.54~55 마침내 줄리엣의 유모가 안으로 들어오라며 부르는 소리가 들렸다.

"잠자리에 들어야 할 시간이에요." 줄리엣이 서둘러 말했다. "만일 당신의 사랑이 명예로운 것이고 그 목적이 결혼이라면 제가 내일 심부름꾼을 보내겠어요. 심부름꾼을 통해 결혼 시간을 정해요. 그러면 전 당신의 아내가 되고 당신은 나의 남편이 될 거예요."

"줄리엣 아가씨, 밤공기가 차가운데 안으로 들어오세요!" 유모가 큰 소리로 불렀다.

"좋은 꿈 꿔요, 사랑하는 줄리엣." 로미오가 속삭였다.

"안녕히 주무세요, 내 사랑." 줄리엣도 조용히 속삭였다. "이별은 참으로 달콤한 슬픔이지만 우린 곧 다시 만나게 될 거예요."

젊은 연인들이 마지못해 마지막 작별인사를 했을 때는 이미 새벽에 가까웠다. 줄리엣은 방안으로 들어가 창을 닫았다. 그러자 유모가 달빛을 막기 위해 짙은 커튼을 쳤다.

로미오는 이슬이 맺힌 고요한 정원을 마치 꿈 속에 있는 사람처럼 헤매고 다녔다.

"줄리엣이 나를 사랑하다니 믿을 수가 없어." 그가 나지막이 중얼거렸다.

p.56~57 너무 들떠 잠을 잘 수 없었던 로미오는 해가 완전히 떠오르기도 전에 로렌스 수사를 만나러 갔다. 수사는 벌써 일어나 새벽기도를 마친 상태였다. 로미오를 보자 수사는 즉각 무슨 일이 있음을 알았다.

"로잘린에 대한 사랑이 자네를 애태우는가, 로미오?" 수사가 물었다.

"아니오, 수사님. 로잘린이 아닙니다. 수사님은 저에게 로잘린이 절대 저를 사랑하지 않을 거라고 충고하셨죠. 이제 전 그게 사실이라는 것을 확신합니다." 로미오가 말했다.

"흠, 그렇다면 무엇인가? 내가 무얼 도와주면 되나, 로미오?"

"수사님, 전 아름다운 아가씨와 사랑에 빠졌습니다. 가능한 한 빨리 결혼하고 싶습니다."

수사는 이 말을 듣고 깜짝 놀랐다.

"글쎄, 왜 그렇게 빨리 결혼을 하려고 하는가? 인생을 급히 가는 사람은 넘어지기 마련이네. 자넨 너무 열정적이라 탈이야."

"하지만 우린 모두 열정으로 살지 않습니까!" 로미오가 외쳤다.

"우린 이성으로 사는 것이네. 열정으로 인해 죽게 된다네." 수사가 대답했다.

"그렇다면 수사님, 전 이번엔 이성적입니다. 제가 결혼하고 싶은 여인은 줄리엣 캐퓰렛이니까요. 그녀는 완벽하고, 완벽한 사람을 사랑하는 것은 이성적이지 않습니까? 하지만 우린 가족들에게 말할 수가 없어요. 이 어리석은 싸움 때문에 결혼을 막을 것이 뻔하니까요. 그러니 제발 도와 주세요."

더 많은 대화가 오간 후 로렌스 수사는 이 젊은 한 쌍을 결혼시키는 데 동의했다. 그는 로미오와 줄리엣이 결혼한다면 몬태규와 캐퓰렛 두 집안 간의 오랜 불화를 해결하는 데 도움이 될 것 같다고 생각했던 것이다.

p.58~59 기쁨에 넘친 로미오는 줄리엣에게 "내일 아침 일찍 나와 수도원에서 만납시다. 모든 준비가 되었소, 내 사랑."이라고 전갈을 보냈다.

그래서 다음날 아침, 태양이 지평선 위로 막 떠올랐을 때 로미오와 줄리엣은 로렌스 수사의 작은 예배실에서 결혼했다. 결혼식이 끝나자 두 연인은 헤어져 밤이 올 때까지 각자의 가족들에게 돌아가 있기로 했다. 각자의 길을 가기 전에 많은 눈물과 입맞춤이 오갔다.

"울지 말아요, 사랑하는 아내여. 오늘 밤에 당신 곁에 있을 거요." 로미오가 속삭였다. 그는 그녀의 뺨에서 눈물을 닦아주고 얼굴을 입맞춤으로 뒤덮었다. "우린 오래 헤어져 있지 않을 거요."

그날 오후, 줄리엣의 유모는 정원사의 헛간으로 가서 줄사다리를 가지고 왔다. 유모는 그것을 몰래 위층 줄리엣의 방으로 가져와 발코니에서 조용히 아래로 떨어뜨렸다. 이제 그날 저녁 로미오가 새 신부와 함께 있을 만반의 준비가 되었다.

p.64~65　그날 늦게 벤볼리오와 그의 친구 머큐시오가 로미오를 방문 중일 때, 로미오는 줄리엣의 사촌 티볼트에게 온 전갈을 받았다.

로미오,
자네는 초대장도 없이 가면무도회에 참석해서 캐퓰렛 가의 명예를 더럽혔네.
그들의 명예를 회복하기 위해 자네에게 결투를 신청하는 바이네!

"하지만 내 친구 로미오여." 머큐시오가 웃으며 말했다. "자네는 사랑으로 상심해 있을 테니 질 게 뻔하지. 난 결투를 좋아하니 내가 대신 싸우겠네! 내가 이길 게 분명하다는 걸 자네도 알지 않나!"

"아니, 허락할 수 없어, 그러니 난 그의 결투 신청을 무시하겠네." 로미오가 말했다. "자, 좀 걷지 않겠나. 자네들에게 들려줄 중요한 이야기가 있네."

하지만 그들이 얼마 가지도 못했을 때 티볼트와 그의 두 하인이 골목에서 나타났다. 로미오는 티볼트가 줄리엣의 사촌이기 때문에 그와의 충돌을 피하고 싶었다. 그래서 그를 잘 설득하려고 했다.

"이보게, 티볼트. 난 자네를 모욕하거나 해치려 한 적이 없네. 왜 이리 나에게 화가 나 있는가? 난 자네를 가족처럼 친애하고 있다네!"

하지만 몬태규 사람들을 모두 싫어하는 티볼트는 이런 말은 들으려고도 하지 않고 검을 빼들었다.

"자넨 악당일 뿐이야, 로미오 몬태규!" 그가 소리쳤다. "자, 검을 뽑게, 그러면 누구의 실력이 더 나은지 알 수 있겠지!"

p.66~67　로미오의 비밀을 모르는 머큐시오가 재빨리 자신의 검을 뽑았다.

"내가 자네와 싸우겠네, 하지만 로미오는 내버려 두게, 티볼트!" 머큐시오가 소리쳤다.

"머큐시오! 티볼트!" 로미오가 큰 소리로 불렀다. "검들을 거두게! 대공님이 이 일을 아시면 어떤 일이 벌어질지 알지 않은가!"

로미오는 친구를 저지하려 했지만 머큐시오는 이미 싸우기로 맘을 굳혔다. 둘은 격렬하고 빠르게 앞뒤로 싸우며 싸움의 주도권을 잡으려 했다. 그러다가 머큐시오가 부상당한 채 땅에 쓰러지자, 티볼트가 단칼에 그의 가슴을 찔렀다.

"자, 로미오, 자네가 죽은 친구보다 얼마나 나은지 한번 보여주게!" 티볼트가 조롱했다. "친구가 싸우도록 놔두지 말고 자네가 내 도전을 받아들여야 했어! 자넨 여전히 겁쟁이인가, 아니면 이제 나와 겨뤄 볼 텐가?"

p.68~69 단짝 친구의 죽음을 본 로미오는 분노했다.

'가장 가까운 친구가 나 때문에 죽다니.' 그가 생각했다. '오, 줄리엣, 당신과 하루만 늦게 결혼할 수 있었더라면 좋았을 텐데. 그러면 티볼트는 내 사촌이 아니니 그에게 복수할 수 있을 텐데.'

순식간에 로미오는 모든 것을 잊어버렸고, 오직 소중한 친구를 죽인 자에 대한 분노만이 남았다. 그는 조용히 친구의 검을 집어 들더니 "머큐시오가 죽었다! 곧 자네나 나, 아니면 우리 둘 다 그를 따라가게 될 것이다!"라고 외쳤다.

"그를 따라가게 될 사람은 바로 자네일 걸세!" 티볼트가 소리쳤다.

둘은 맹렬하게 싸우기 시작했다. 티볼트는 뛰어난 투사였지만 로미오의 분노가 복수심에 기름을 부었다. 곧 티볼트는 로미오의 발치에 죽은 채 쓰러졌다.

이렇게 해서 자신의 결혼식 당일 로미오는 줄리엣의 사촌을 죽이게 된 것이다!

피비린내 나는 싸움 소식은 베로나 대공의 귀에까지 들어갔고 대공은 극도로 화가 났다. 하지만 티볼트가 싸움을 걸었다는 사실을 알게 된 대공은 로미오에게 사형을 선고하지는 않았다. 대신 그는 로미오를 베로나에서 추방했다.

p.70~71 같은 시각 줄리엣은 자신의 발코니에서 석양을 바라보고 있었다.

"어서어서 사라지렴, 태양아." 그녀는 황혼 속에서 중얼거렸다. "어서 어둠이 올수록 로미오는 더 빨리 내게로 올 테니. 그러면 우리는 첫날밤을 함께 보낼 수 있을 텐데."

줄리엣은 간절히 로미오를 다시 보기 원했지만, 시간은 너무나 더디게 흘렀다. 어둠이 오기는 하는 걸까?

그때, 갑자기 유모가 방으로 뛰어 들어오더니 외쳤다. "끔찍한 소식이에요, 아가씨! 그분이 죽었어요! 그분이 살해되셨어요!"

줄리엣은 거의 숨을 쉴 수조차 없어 기절하기 직전이었다.

"누가 죽었다고? 로미오가?"

"아뇨, 아뇨." 유모가 재빠르게 말했다. "로미오 님은 무사하세요, 하지만 그분은 티볼트 님을 죽이셨어요! 지금 대공님이 로미오 님을 베로나에서 추방하셨어요!"

줄리엣은 유모가 하는 말을 믿을 수가 없었다.

"어떻게 로미오가 그런 짓을 할 수가!" 그녀가 소리 질렀다. "나와 결혼한 지 몇 시간밖에 되지 않았는데 내 가족을 죽이다니! 그는 양의 옷을 입은 늑대거나 비둘기 옷을 입은 갈가마귀인 게 분명해!"

눈물이 줄리엣의 뺨을 타고 흘러내렸다.

"진정하세요, 아가씨." 유모가 줄리엣을 위로했다. "티볼트 님은 누굴 죽일 태세였어요! 티볼트 님을 죽이지 않으셨다면 로미오 님이 죽게 되셨을 거예요. 그러니 눈물을 그치시고 부군께서 살아계신 것을 기뻐하세요!"

"어떻게 내가 기뻐할 수 있겠어?" 줄리엣이 흐느끼며 말했다. "로미오는 추방당했고 다시는 베로나로 돌아오지 못할 텐데! 그는 죽은 것이나 다름없다고!"

줄리엣은 손으로 두 눈을 가린 채 울음을 멈추지 않았다.

p.72~73 그동안 로미오는 로렌스 수사의 예배당으로 피신해 그의 조언을 청하고 있었다. 선량한 수사는 로미오를 달래주려 했지만 소용이 없었다.

"수사님, 전 어떻게 하면 좋겠습니까?" 그가 울부짖었다. "저에게 베로나에서의 추방명령은 죽음보다 더한 벌입니다. 영영 베로나로 돌아올 수 없으면 전 죽을 겁니다! 줄리엣 없이는 살아갈 수 없으니까요!"

"진정하게, 로미오." 로렌스 수사가 말했다. "오늘 밤 줄리엣을 찾아가 작별인사를 하게. 그리고 나서 동이 트기 전에 그 길로 떠나야

하네, 그렇지 않으면 대공님이 자네를 처형할지도 몰라!"

하지만 이 젊은이는 비통함에 빠져 위로를 받지 못했다.

"맨투어로 가서 지내고 있게." 수사가 말을 이었다. "그동안 자네와 줄리엣이 함께 할 수 있을 방도를 생각해 봄세! 계획이 서면 자네를 부르러 사람을 보내겠네. 자, 어서 가게나!"

p.74~75 그날 밤 늦게, 로미오는 줄사다리를 타고 줄리엣의 발코니로 올라갔다. 창이 열려 있어서 그는 방안으로 들어가 곧장 줄리엣의 손을 잡았다. 그녀는 로미오를 보고 기뻐했으나 그들의 만남은 결혼식 날 당연히 그래야 하는 것처럼 행복한 것은 아니었다.

로미오는 줄리엣을 두 팔로 안아 그의 가슴에 바싹 끌어당겼다. 그녀의 눈물을 키스로 닦아내면서 그들의 미래를 함께 지키기 위해 어떻게 해야 하는지 이야기했다.

"사랑하는 줄리엣, 이렇게 헤어지는 것은 죽음으로 갈라지는 것보다 더한 것이오!" 로미오가 말했다. "당신 없이 그 끝없는 시간들을 어떻게 견뎌내겠소? 당신과 함께 있는 이곳이 천국이요, 다시는 당신과 함께 있을 수 없는 것이 지옥이오!"

다음날 아침 해가 떠오르기도 전에, 로미오는 떠나려 일어났다. 하지만 줄리엣은 그에게 머물러 달라고 간청했다.

"아직 떠나실 필요 없어요. 아직 어두우니 조금만 더 제 곁에 있어주세요!"

"동트기 전에 맨투어로 떠나야만 하오. 벌써 하늘에 첫 동이 트고 있는 것이 보이오!" 그가 슬프게 말했다.

p.76~77 줄리엣은 창밖을 내다보고 로미오의 말이 옳다는 것을 알았다. 태양은 참으로 지평선 위에 그 모습을 드러내기 시작하고 있었던 것이다.

"오, 맞아요, 저기 있어요!" 줄리엣이 크게 소리 내어 말했다. "서두르세요, 당신은 즉시 떠나야 해요!"

작별은 매우 힘들었지만 마침내 로미오는 줄리엣에게 마지막 입맞춤을 했다. 그리고 나서 "로렌스 수사님이 우리의 편지를 전달해 주시기로 했소. 매일 전갈을 보내리다."라고 말했다.

그들은 쓰라린 눈물을 흘리며 무거운 마음으로 서로를 다시 한번 포옹했다. 그리고 로미오는 줄사다리를 타고 내려가 어둠 속으로 사라졌다. 다시 만날 수 있을지, 또 그날이 언제일지 그들은 알지 못했다!

5장 | 비밀과 속임수!

p.80~81 티볼트의 죽음 이후 캐퓰렛 영주는 많은 젊은이들이 자신의 말을 듣지 않는다는 것을 깨달았다. 티볼트는 자신의 충고를 귀담아 듣지 않았기 때문에 죽게 되었던 것이다. 영주는 자신의 외동딸이 똑같은 실수를 저지르기를 바라지 않았다. 그래서 줄리엣을 패리스 백작에게 시집 보내야겠다고 결심했다. 물론 그는 줄리엣이 이미 몬태규와 결혼한 몸이라는 사실을 전혀 모르고 있었다!

다음날 아침 그는 줄리엣을 서재로 불러 말했다. "패리스 백작이 너와 결혼하기를 원해서 내가 허락을 했다. 결혼식은 모레 거행될 것이다. 이제 네가 결혼을 할 때인데, 어떻게 생각하느냐?"

줄리엣은 이 갑작스런 소식에 깜짝 놀랐다.

"싫어요!" 그녀가 크게 외쳤다. "전 모르는 사람과 결혼하지 않을 거예요. 사랑으로만 결혼할 생각이에요, 아버지!"

캐퓰렛 영주는 딸의 대답을 듣고 크게 노한 나머지 울컥 성을 냈다.

"사랑이라고! 사랑이 결혼과 무슨 관계가 있단 말이냐? 넌 네 의무를 다하면 그만이니 그와 결혼하거라! 이제 가보거라, 어머니가 널 보기 원하신다!"

줄리엣은 도망쳐 나와 어찌해야 좋을지 묻기 위해 로렌스 수사에게 급히 갔다.

p.82~83 줄리엣이 예배당에 들어서자 로렌스 수사가 염려스러운 목소리로 말했다. "아가씨가 왜 여기에 왔는지 압니다. 패리스 백작이 아가씨와의 결혼식을 준비하기 위해 아까 이곳에 왔었지요."

줄리엣은 눈물을 흘리며 백작과의 결혼식을 취소할 수 있는지 물었다.

"나도 돕고 싶지만, 이해해 주길…" 수사가 말을 시작했다.

갑자기, 줄리엣이 자신의 호주머니에서 칼을 꺼내더니 가슴에 바짝 댔다.

"도와주실 수 없으시다면, 저 스스로 돕도록 하지요!" 그녀가 소리 높여 말했다.

"멈춰요! 그러지 마시오! 다른 방도가 있소!" 수사가 외쳤다. 그는 줄리엣의 손에서 칼을 빼앗고는 말했다. "아가씨에게 용기가 있다면 내가 도와줄 수 있소."

"패리스 백작과의 결혼을 막을 수 있다면 무엇이든지 하겠어요!" 줄리엣이 단호한 어조로 말했다. "전 뱀떼와 같이 잠을 잘 수도 있고, 죽은 사람의 무덤 안에 누울 수도 있어요. 어떻게 해야 할지 말씀해 주시면 그대로 하겠어요!"

p.84~85 수사는 줄리엣에게 액체로 가득 찬 작은 병을 건넸다.

"자, 이걸 받으시오. 집으로 돌아가 아버님께 마음이 바뀌었다고 말하세요. 결혼식 전날 밤에 이것을 마시세요, 그러면 아가씨는 이틀 동안 깊은 잠에 빠지게 될 겁니다. 하지만 모두 아가씨가 죽은 줄 알 테니 교회로 데려올 것이오, 아가씨를 장사 지내기 위해서 말이오. 패리스 백작과 결혼시키기 위해서가 아니라!" 그가 일러주었다.

"오, 수사님, 이 일이 정말 가능할까요?"

"물론이지요!" 그가 말했다. "자, 이제 잘 들으시오! 아가씨 가족들은 아가씨가 죽은 줄 알고 캐퓰렛 납골당에 아가씨를 모셔둘 것이오. 하지만 아가씨가 깨어나기 전에 로미오와 내가 거기에 가서 아가씨를 돌볼 거요. 그리고 로미오가 아가씨와 함께 두 사람 다 안전할 수 있는 맨투어로 도망갈 겁니다! 아가씬 두려운가요, 아니면 이 계획을 수행할 수 있을 만큼 용감한가요?"

"전 두렵지 않아요." 줄리엣이 대답했다. "로미오와 다시 함께 있을 수 있다면 무엇이든지 하겠어요!"

"내가 로미오
에게 전갈을 보내
어 세부 계획을 알리
도록 하지요."

`p.86~87` 줄리엣은 집으로 걸어가면서
수사와 그의 계획에 대해 생각했다.
   '만일 수사님이 내게 준 것이 독약이라면 어쩌지? 만일
내가 로미오와 결혼한 것에 대한 자신의 책임을 피하려는 속셈이라면?
아니야, 수사님은 성직자인데 내게 거짓말을 할 리가 없어! 하지만 만일 내가
로미오와 수사님이 오기 전에 깨어나게 된다면? 피투성이가 된 채 썩고 있는 티볼트
옆에서 죽는다면 얼마나 끔찍할까!'
   날은 더웠지만, 이런 생각은 줄리엣의 등골을 오싹하게 했다!
   '너무 많은 '가정'은 그만하자! 이게 유일한 방법이야!'
   마음은 여전히 의심들로 가득한 채 줄리엣은 아버지의 서재로 갔다.
   "아버지, 전 마음을 바꿨어요. 패리스 백작과 결혼하겠어요." 줄리엣이 말했다.
   딸이 마음을 바꾼 것에 대해 캐퓰렛 영주는 매우 기뻐했다.
   "후회하지 않을 거다, 줄리엣. 패리스 백작은 좋은 사람이고 훌륭한 남편이 될 거다!"

`p.88~89` 다음날 캐퓰렛 영주는 결혼 잔치와 여러 지인들을 초대하는 준비를 시작했
다. 할 일이 매우 많았으므로 모두가 밤을 지새가며 준비를 마쳤다. 영주는 줄리엣이
몹시 기분이 좋지 않아 보인다는 사실을 깨달았다. 하지만 그는 줄리엣이 사촌 티볼트
의 죽음으로 상심해 있다고 생각했다. 줄리엣이 또 마음이 변할까 봐 영주는 서둘러
딸을 결혼시키려고 안달이었다.
   '결혼은 그 애에게도 좋을 거야.' 영주가 생각했다. '다른 일들을 잊게 해 줄 거야!'
   하지만 그는 줄리엣이 그녀의 진정한 사랑 로미오를 얼마나 그리워하고 있는지 전
혀 알지 못했다!
   그날 밤, 줄리엣은 침대에 누워 수사에게서 받은 약병을 열었다. 잠시 동안 그녀는
약이 효과가 없을까 봐 염려했다. 그래서 만일 약효가 없을 경우 스스로 목숨을 끊을

요량으로 자신의 몸 옆에 칼을 놓았다. 백작과 결혼할 바에는 차라리 죽는 편이 나았던 것이다!

"용감해져야 해." 줄리엣이 이렇게 중얼거렸다.

그리고 약병을 들어서 입술에 가져가면서 외쳤다. "로미오, 당신을 위해 약을 마시겠어요!"

그러고는 한치의 망설임도 없이 내용물을 들이켰다. 그녀는 곧 깊은 잠에 빠졌다.

p.90~91 다음날 아침 일찍 유모는 줄리엣을 깨우러 갔다. 유모는 신부가 될 아가씨가 결혼 예복을 입는 것을 도와야 했다. 유모는 부드럽게 줄리엣의 이름을 불렀지만 아무런 대답이 없었다. 줄리엣은 보통 아주 작은 소리에도 잠을 깨는데 이번에는 일어나지 않았다. 유모는 초조해져서 줄리엣의 침대로 건너가 그녀를 흔들었다. 하지만 줄리엣이 깨어나지 않자 유모는 비명을 질렀다. "도와주세요! 도와주세요! 누가 와주세요! 줄리엣 아가씨가 죽었어요!"

캐퓰렛 영주 부부와 패리스 백작이 줄리엣의 침실로 달려들어와 그녀의 차갑고 생명이 없는 몸을 내려다보며 서 있었다.

"오, 내 아가!" 캐퓰렛 부인이 울부짖었다. "내 딸! 내 어여쁜 딸이 죽다니!"

"오, 줄리엣이 죽다니!" 캐퓰렛 영주도 비명을 질렀다.

그들은 줄리엣의 침대 옆에 무릎을 꿇고 앉아 기도했지만, 그 모두의 울음소리도 줄리엣을 깨우지는 못했다. 그녀는 죽은 것이 아니었지만, 오직 수사만이 비밀을 알고 있었다.

캐퓰렛 집안은 혼란과 슬픔과 애통에 잠기고 말았다. 그날 아침 늦게, 캐퓰렛 영주 부부는 딸의 장례식 계획을 세웠다. 그래서 그 날은 줄리엣의 결혼일 대신 장례일이 될 것이었다!

6장 | 비극적인 죽음

p.94~95 나쁜 소식은 좋은 소식보다 발이 빠른 법이어서, 줄리엣이 죽었다는 슬픈

소식이 맨투어에 있는 로미오에게 전해졌다. 로미오의 충복은 주인의 비밀 결혼을 알고 있었지만, 줄리엣의 거짓 죽음에 대해서는 모르고 있었다. 그래서 하인은 그 소식을 듣자 급히 로미오에게 가서 줄리엣이 죽었음을 고했다.

"마님의 장례식이 오늘 늦게 거행된다고 합니다, 주인님!"

로미오는 이 소식을 듣자 너무 놀라서 제정신이 아니었다.

"확실한 거냐?"

"네, 주인님, 확실합니다. 베로나 전체가 이 이야기로 떠들썩합니다!" 하인이 말했다.

"그렇다면 내 오늘밤 가서 줄리엣의 옆에 누우리라." 로미오가 부르짖자 눈물이 그의 얼굴을 타고 흘렀다.

로미오가 떠나자마자 한 수도승이 그의 은신처에 도착했다. 수도승은 몇 번이나 문을 두드렸지만 아무런 대답이 없었다.

그 수도승은 로렌스 수사의 편지를 전달해 줄 사람이었다. 하지만 불행히도 그는 베로나에 발발한 전염병 때문에 이틀간 늦어지게 되었다.

수도승은 세관에 갇혀서 여행을 계속할 수 없었다. 이 때문에 그 운명적인 전갈은 예정된 사람에게 전달되지 못한 것이다!

p.96~97 맨투어를 떠나기 전에 로미오는 작은 병에 담긴 독약을 샀다. 그는 손수건으로 그 병을 감싸서 호주머니에 조심스럽게 넣었다. 그런 다음 곧장 베로나로 돌아가 줄리엣이 누워있는 묘소로 급히 갔다.

자정 무렵 베로나에 도착한 로미오는 캐퓰렛 가문의 오래된 묘소가 있는 교회 묘지로 갔다.

그는 묘소 안으로 강제로 들어가 캐퓰렛 납골당으로 이어지는 돌계단을 급히 내려갔다. 하지만 그가 계단을 반 정도 내려갔을 때 멈추라고 크게 외치는 소리가 들렸다. 패리스 백작이었다!

"감히 자네가 여기 와서 캐퓰렛 납골당을 어지럽히다니!" 패리스가 크게 외쳤다. "가게! 맨투어로 돌아가란 말이네, 이 더러운 몬태규!"

패리스는 줄리엣에게 꽃을 뿌리기 위해 납골당에 온 것이었다. 그리고 혼자 조용히 신부가 될 뻔한 여인을 위해 기도하고 싶었다. 패리스는 로미오가 묘지에 온 이유를 알지 못했지만 그가 몬태규 집안 사람인 것은 알고 있었다. 그래서 그는 로미오가 캐퓰렛 가문의 시체를 더럽히려 온 것이라고 생각했다.

p.98~99 로미오는 슬픔으로 미칠 지경이 되어서 흐느꼈다. "제발 나를 슬픔에 잠겨 있게 놔두게!"

하지만 패리스는 줄리엣과 캐퓰렛 납골당을 지키려는 마음을 단념하지 않았다.

"자네는 베로나로 돌아오면 죽을 것이라는 말을 들었을 텐데." 패리스가 말했다.

"난 죽으러 여기에 왔네." 로미오가 말했다. "제발 나를 떠나게! 떠나라고! 가게! 자네에게 해를 입히기 전에 제발 가 주게!"

"자네가 칼을 들지 않는다면 자네를 살인자로 체포하겠네!" 패리스가 큰 소리로 외쳤다.

로미오는 분노하여 제정신이 아닌 상태에서 검을 뽑았다. 두 젊은이는 싸움을 시작했고, 로미오의 검이 패리스의 심장을 찌르자 패리스는 땅에 쓰러졌다.

"난 죽네, 로미오. 제발 나를 줄리엣 옆에 뉘어주게!" 패리스가 부르짖었다.

로미오는 패리스의 시체를 연민의 눈으로 내려다 보았다.

"그 또한 줄리엣을 사랑한 거야. 유언대로 줄리엣 옆에 뉘어주리라." 로미오는 슬프게 말했다.

p.100~101 로미오는 죽은 패리스를 안고 묘소 안으로 들어가 조심스럽게 줄리엣의 옆에 내려놓았다. 그는 그녀의 얼굴을 슬픈 눈으로 잠시 내려다 보았다. 줄리엣은 너무나도 아름다워서 로미오는 사랑하는 아내의 죽음을 믿을 수가 없었다.

"오, 사랑하는 아내여. 죽어서도 당신의 아름다움은 필적할 사람이 없구려. 그냥 잠든 것만 같소!"

그러고 나서 로미오는 줄리엣의 죽은 몸을 두 팔에 안고 눈물

이 얼굴을 타고 흘러내리는 가운데 얼음같이 찬 입술에 입을 맞추었다.

"당신 없이는 살아갈 수가 없소, 사랑하는 줄리엣!" 그가 속삭였다. "곧 영원히 당신 곁으로 가겠소."

로미오는 독약을 마시고 자신의 젊은 아내 옆에 누웠다. 그가 조금만 더 기다렸더라면!

`p.102~103` 로미오가 마지막으로 눈을 감은 직후 로렌스 수사가 묘소에 도착했다. 수사는 자신의 전갈이 로미오에게 전달되지도 못한 것을 뒤늦게 알고 줄리엣을 구하기 위해 부랴부랴 캐퓰렛의 묘소로 왔다. 그런데 묘지 입구에 도착했을 때 그는 안에서 불빛이 새어 나오고 피묻은 검들이 바닥에 뒹구는 것을 보고 몹시 놀랐다.

천천히 납골당 주위를 돌아보았을 때 그의 눈은 로미오와 패리스의 시체 위에 멈추게 되었다.

"오, 이런." 수사가 외쳤다. "내가 너무 늦었군! 줄리엣이 깨어나면 뭐라고 말한단 말인가?"

그 사이에 몇몇 사람들의 무리가 돌계단 꼭대기로 모여들기 시작했다.

그들은 패리스와 로미오의 싸움 소리에 납골당으로 오게 된 것이었다.

로렌스 수사는 위에서 소리가 들리자 발각될 것이 두려워 달아나고 말았다. 그는 교회 묘지에 숨어 있으면서 줄리엣을 구해낼 기회를 엿보았다.

`p.104~105` 수사가 떠나자 곧 줄리엣이 잠에서 깨어났다. 그녀는 왜 자신이 로미오와 패리스 백작 사이에 누워 있는지 이해가 되지 않았다.

"이런, 무슨 일이 있었던 거지? 왜 이들이 꼼짝도 않는 거야?" 그녀가 소리를 질렀다.

줄리엣은 주위를 돌아보았지만 자신을 도와줄 사람은 아무도 없었다. 그녀는 혼자였던 것이다! 그때 줄리엣의 눈에 로미오의 손에 쥐어진 빈 독약 병이 보였고 그제야 그가 무슨 짓을 했는지 깨달았다.

"오, 하느님, 나의 로미오가 죽다니요!" 줄리엣이 울부짖었다. 그녀는 로미오의 손에서 약병을 빼냈지만, 안에는 아무 것도 남아 있지 않았다. "사랑하는 로미오, 당신은 전부 다 마셔버리고 한 방울도 나를 위해 남겨두지 않았군요."

그래서 줄리엣은 로미오의 벨트에서 단검을 빼어 들고는 외쳤다. "당신 없이는 살아 갈 수가 없어요, 로미오!"

사람들이 납골당 계단을 따라 내려오자 줄리엣은 자신의 심장을 찔렀다. 그녀는 거의 즉사하여 로미오의 가슴에 머리를 누인 채 쓰러졌다.

대공과 몬태규와 캐퓰렛 집안 사람들이 자신의 경호원들과 함께 납골당으로 돌진해 왔다. 그들은 자신의 눈을 믿을 수가 없었다! 사랑스러운 자녀들이 자신들 앞에 죽은 채로 누워 있었다. 그들은 주저앉아 비탄과 애통으로 울부짖었다.

p.106~107 "도대체 여기에 무슨 일이 있었던 거지?" 대공이 말했다.

곧 로렌스 수사가 교회 묘지에서 발각되어 대공 앞으로 끌려왔다.

"제게 기만죄가 있음을 압니다." 수사가 간절한 목소리로 말했다. "하지만 마땅히 함께 있는 것이 허락돼야 했던 젊은 한 쌍의 사랑을 위해서였습니다."

"무슨 일이 있었는지 사실대로 말하시오, 그러면 당신을 처벌하지 않을 수도 있소!" 베로나 대공이 명령했다.

그래서 로렌스 수사는 젊은 연인 로미오와 줄리엣에 대한 이야기를 자세히 전했다.

"그들은 서로를 너무나 사랑했고 전 두 젊은이들의 결합으로 양쪽 집안의 분쟁을 끝낼 수 있으리라 희망했습니다." 수사가 조용히 말했다.

그런 다음 수사는 대공 앞에 무릎을 꿇고 흐느꼈다. "하지만 그렇지 되지 않았고, 상황이 더 악화되기만 했습니다! 제게 책임이 있다면 저를 죽여주십시오!"

"당신의 책임이 아니오, 수사." 대공은 이렇게 말한 후 자신의 뒤에 조용히 서 있는 캐퓰렛과 몬태규 사람들 쪽으로 몸을 돌렸다. "무슨 일이 벌어졌는지 잘 보시오. 당신들은 유일한 자녀들을 잃었소."

무거운 침묵이 두 집안 사람들을 감쌌다. 바로 그때서야 그들은 자신들의 어리석은 싸움이 얼마나 큰 슬픔을 일으켰는지 깨달았다. 두 집안은 몹시 슬퍼하며 서로 용서를 구했다. 그리고 죽은 자녀들의 시신 위로 두 손을 굳게 잡고 친구가 되기로 동의했다.